Ayala Goldmann ◆ SCHABBATKIND ◆ Geschichten meiner Familie

Ayala Goldmann

SCHABBATKIND

Geschichten meiner Familie

Mit einem Vorwort von Josef Schuster

INHALT

Vorwort *Josef Schuster*   7

Nichts Schlechtes über die Deutschen   11

Berlin   23

Suche in Warschau   45

Neve Shaanan   75

Hamburg   109

Ulm   121

Oświęcim   149

Erbschaften   165
    Entschädigung   165
    Konto   166
    Bar Mizwa   170

Nächstes Jahr in Triest   175

Vorwort

Die Auseinandersetzung mit der Schoa ist eine lebenslange Aufgabe. Sie ist nicht irgendwann abgeschlossen, sondern sie muss immer wieder neu geleistet werden. Für manche Menschen ist der Umgang mit diesem Teil deutscher Geschichte eine wissenschaftliche Frage, für andere ein entferntes historisches Geschehen. Für uns Juden in Deutschland ist es die Geschichte unserer Familien.

Jüdische Familien sind sehr unterschiedlich. In vielen ist die Vergangenheit präsent, weil die Überlebenden darüber gesprochen haben. Ihre Erzählungen bleiben im Gedächtnis und wirken bei Kindern und Enkeln nach, auch wenn die Zeitzeugen nicht mehr leben. In anderen Familien versuchten die Opfer der Verfolgung, ihre Kinder zu schützen. Oft dauerte es Jahrzehnte, bis sie ihr Schweigen brechen konnten, und manche taten es nie. Und in wieder anderen Familien ist die Auseinandersetzung mit der Schoa zwar an der Tagesordnung, aber es gibt keine Überlebenden.

Deutschland steht heute vor der Herausforderung, eine Erinnerungskultur ohne Überlebende zu entwickeln. Wie kann das funktionieren? Es ist das einzelne Schicksal, die persönliche Geschichte, die Menschen immer noch berührt. KZ-Gedenkstätten stellen sich zunehmend auf ein jüngeres Publikum ein, nutzen soziale Medien und Hologramme, um Schülern die Geschichte nahezubringen.

Doch manche Historiker stellen fest: Auch jüngere Menschen, die von sozialen Medien übersättigt sind, reagieren mit Interesse auf analoge Ausstellungen und schriftliche Zeitzeugnisse.

In diesem Buch geht es unter anderem um einen Bericht des polnischen Zeitzeugen Abraham Krzepicki, der in seiner Niederschrift entsetzliche Szenen kurz vor der Ermordung jüdischer Frauen im deutschen Vernichtungslager Treblinka schildert. Wer dieses Zeitzeugnis liest und auf sich wirken lässt, kann etwas begreifen. Und in dem Moment, in dem ein Mensch versteht, wie sehr ein anderer Mensch gelitten hat, ist Geschichte nicht mehr abstrakt.

Es ist ein schmerzhafter Prozess, sich dieser Vergangenheit zu stellen. Doch ohne eine Auseinandersetzung mit dem Zivilisationsbruch der Schoa, ohne eine grundlegende Kenntnis dessen, was Menschen anderen Menschen antun können, ist *Tikkun Olam*, auf hebräisch „Reparatur der Welt", nicht möglich.

2021 ist ein Festjahr: Wir erinnern an 1700 Jahre jüdisches Leben in Deutschland. Die jüdischen Gemeinden wurde nach dem Zweiten Weltkrieg von Menschen wiederaufgebaut, die zurückkehrten oder dieses Land allmählich zu ihrer neuen Heimat machten – und trotz Leid und Verfolgung, die ihre Familien erlitten hatten, ihren Platz in dieser Gesellschaft behaupteten.

Doch Juden müssen in jüngster Zeit feststellen, dass der Hass auf Minderheiten und Angriffe auf Menschen, die „anders" aussehen, zunehmen. Dagegen wehren wir uns gemeinsam mit der demokratischen Mehrheitsgesellschaft. Eine „180-Grad-Wende" in der Erinnerungskultur, wie von Populisten gefordert, darf es nicht geben. Wir wollen diese

Kultur vielmehr weiterentwickeln, damit sie auch kommende Generationen erreicht. Denn schon Wilhelm von Humboldt wusste: „Nur wer seine Vergangenheit kennt, hat eine Zukunft."

Dr. Josef Schuster,
Präsident des Zentralrats der Juden
in Deutschland

NICHTS SCHLECHTES ÜBER DIE DEUTSCHEN

Am 20. April wird mein Vater in ein katholisches Pflegeheim gebracht. „Durchschnittliche Verweildauer: ein halbes
Jahr", sagt der Heimleiter. Mein Vater sagt: „Es ist langweilig
hier." Mitleidig deutet er auf eine schlafende Frau im Rollstuhl und erklärt mir: „Die meisten Bewohner sind leider
dement." Dann schläft er wieder ein, zermürbt von Krankheit und Schmerzen. Trotzdem sieht er in allem das Gute:
„Es ist eines der besten Heime in der Region", preist er sein
neues Zuhause, das Ulmer *Annastift*. „Es gibt hier keine
Ausländerfeinde. Und das Essen ist fantastisch", befindet er
und bietet mir großzügig die Hälfte von seinem Schinken-
brot an.

Mein Vater hat sich nie für das Jenseits interessiert. Er
will auf dem jüdischen Friedhof beerdigt werden – über
Details hat er nicht mit uns gesprochen. In der Lobby des
Pflegeheims treffen wir einen Bekannten. Auch er besucht
seinen Vater; seine Mutter ist schon vor einiger Zeit gestor-

ben. Angesichts der Endlichkeit genieße er sein Leben nun viel bewusster, behauptet der Sohn. Am nächsten Wochenende will er bei einem Workshop einen Sarg für sich selbst tischlern. „Darauf freue ich mich. Total. Es ist auch viel billiger. Wenn man ihn kauft, kostet ein Sarg 2.000 Euro", sagt er. „Da kommen wir Juden besser weg", sage ich, „in Israel beerdigt man ohne Sarg." Mein Vater sitzt neben uns im Rollstuhl und lacht. Begräbnisse konnte er nicht ausstehen, und ich habe mich nie getraut, ihn zu fragen, ob ich *Kaddisch* für ihn sagen soll.

Er erzählt mir im Pflegeheim von seiner Mutter. Sie brachte neun Kinder zur Welt. Sieben überlebten, mit 45 erlitt sie den ersten Schlaganfall, ihre Zuckerwerte entgleisten, ein Zeh wurde amputiert, mit 61 starb sie an den Folgen ihres Diabetes. „Wir Kinder haben die Nadeln ausgekocht", erinnert sich mein Vater an die Behandlung seiner Mutter, „es gab keine Einwegspritzen und keine Pflegeversicherung."

Ich frage ihn nach Familiengeschichten: seine Kindheit in Berlin, die Überfahrt von Triest nach Palästina, die Ankunft in Haifa an Rosch Haschana 1938. Und ich frage nach der Zeitung, die er in Israel im Auftrag seiner Eltern lesen musste. Sie sprachen kaum Hebräisch, und mein Vater hatte die Aufgabe, in dem Blatt Verwandte zu suchen, die nach dem Krieg in Europa vermisst wurden.

Als Zwölfjähriger entdeckte mein Vater den Namen seiner Tante Sonia aus Warschau. Aber die Zeitung hatte sich geirrt. Niemand hat Sonia je wiedergesehen. Mein Vater hasste es, nach verschwundenen Tanten zu suchen. Und die Verwechslung gab ihm einen weiteren Grund, Gott den Rücken zu kehren.

Manchmal ist mein Vater deprimiert und sagt Sachen wie: „Wir haben euch nicht richtig auf das Leben vorbereitet. Ihr wisst nicht, was auf euch zukommt." Dann schläft er wieder ein. Wenn er aufwacht, fragt er: „Wie geht es dir?" Erzähle ich von meinen kleinen Alltagssorgen, sagt er: „Nimm das doch nicht so ernst. Lach einfach darüber."

In seinem Arbeitszimmer, das er nicht mehr nutzt, habe ich Passfotos gefunden. Eins davon habe ich eingesteckt. Ich habe die gleiche Augenfarbe und den gleichen Augenschnitt wie er. Wenn ich es schaffe, die Welt so zu sehen wie mein Vater, habe ich viel gewonnen.

„Donald Trump hat das Klimaabkommen gekündigt", erzähle ich ihm ein paar Tage später. „Das ist ein Idiot", sagt mein Vater. „Den muss man nicht ernst nehmen. Ich verspreche dir, in zwei Jahren ist der weg vom Fenster. Haben sie schon mal gemacht, die Amerikaner. Wie hieß nochmal dieser Präsident? Nixon?"

An einem heißen Julitag, als ich wieder in Ulm bin, sitzt mein Vater im Pflegeheim am Esstisch und sortiert Papiertaschentücher nach einem System, das nur er versteht. Ein Gespräch ist kaum noch möglich. Um mich abzulenken, fahre ich mit der Straßenbahn in die Friedrichsau. In diesem Park gibt es jeden Sommer ein Volksfest. Riesenrad, Geisterbahn, Karussells, Zuckerwatte, gebrannte Mandeln: Als wir Kinder waren, hat mein Vater uns alles spendiert. Es gab nie eine Obergrenze, wieviel wir ausgeben durften. Jetzt, die Tüte mit den gebrannten Mandeln in der Hand wie damals, fallen mir hebräische Verse ein. Vom *Luna-Park* schrieb der israelische Dichter Jehuda Amichai in einem Liebesgedicht, das ich als Studentin an der Hebräischen Universität in Jerusalem gelesen habe: „Mein Mädchen, wieder geht ein Sommer zu Ende, und mein Vater kommt nicht zum Volksfest." Ich fahre alleine Riesenrad und schaue in der Dämmerung von oben herunter auf die Stadt, in der ich aufgewachsen bin.

Es wird Herbst. Die sechs Monate, von denen der Heimleiter gesprochen hatte, sind fast vorbei. An einem Samstag im Oktober schiebe ich meinen Vater im Rollstuhl über den Münsterplatz. „Nette Gegend", sagt mein Vater. „Das ist Ulm", muss ich ihm erklären. „Hier waren wir als Kinder mit dir einkaufen. Samstags, auf dem Wochenmarkt. Erinnerst du dich nicht?" Mein Vater zuckt mit den Schultern. Ich bugsiere den Rollstuhl in das Café im Erdgeschoss des Stadthauses. Es ist das letzte Mal, das wir zusammen unterwegs sind. Ich bestelle Kaffee, er freut sich über die Abwechslung vom Pflegeheim, trinkt aber kaum etwas und schläft wieder ein. Ich bin schockiert. Wie kann es sein, dass der Professor für Transfusionsmedizin, der 1985 den Ulmer Wissenschaftspreis erhielt – am Schwörmontag, an dem jedes Jahr das große Volksfest in der Friedrichsau beginnt – den Münsterplatz nicht wiedererkennt?

Mein Vater, der als Fremder gekommen ist: 1972 trat er seine erste Stelle an der neu gegründeten Universität Ulm an. Weil er die schwäbische Stadt für winzig hielt, buchte er, um eine Wohnung für uns zu suchen, ein Hotel in Stuttgart. Die Schwaben verstand er überhaupt nicht: „In Ulm leben 90 Prozent Ausländer", erzählte er meiner Mutter, frustriert von den Telefonaten mit Hausbesitzern, aus deren Dialekt er nicht einmal die Höhe der geforderten Miete richtig heraushören konnte.

Im November gehe ich wieder am Stadthaus vor dem Münsterplatz vorbei. Ich fühle mich wie eingefroren. Mir fällt Schuberts Winterreise ein, die mein früherer Deutschlehrer zitiert hat, als ich ihm einmal lange nach meinem Abitur in diesem Café begegnete. Erst als mein Vater beerdigt ist, kommen mir die Zeilen wieder in den Sinn, und dann die Tränen: „Fremd bin ich eingezogen / Fremd zieh ich wieder aus.“

***

Bei unserem letzten Gespräch saß er zusammengesunken im Rollstuhl. Seine Hände lagen auf dem Tisch, vor ihm ein Glas Cola Light, ein Becher Kaffee, ein Kuchenteller und der kleine Medikamentenbecher aus Plastik mit den Schmerztabletten. Nichts davon rührte mein Vater an. Er wollte nicht mehr essen und trinken, sprach kaum noch ein Wort. Doch an diesem Tag bekam ich einen sehr unerwarteten Satz von ihm zu hören. Es war eine Feststellung. „Wir können nichts Schlechtes über die Deutschen sagen!“

„Findest du?“, fragte ich. Ich verstand nicht, was er meinte. Mein Vater zeigte auf den Tisch mit all den Dingen, die dort für ihn bereitstanden und die er seit Tagen ignorierte – er, der Kuchen sonst nie widerstehen konnte.

Mit Mitte 40 war sein Diabetes festgestellt worden. Seitdem absolvierte er Diäten, hielt ein paar Jahre durch und nahm wieder zu. Als er älter wurde, behauptete er, Diabetiker dürften Torte essen, wenn sie entsprechende Mengen Insulin spritzten. Seine behandelnden Ärzte waren nicht immer seiner Meinung. Einige Male wurde sein Blutzuckerspiegel im Krankenhaus eingestellt. Wenn ihm dort Schwarzbrot mit Margarine vorgesetzt wurde, bekam er schlechte Laune. „Das kann man nicht essen“, sagte er wütend. Einmal erklärte er mir zu Hause in der Küche, das Einzige, was ihm wirklich helfen könne, sei eine Selbstschussanlage an der Kühlschranktür.

„Schau, wie sie uns versorgen!", sagte mein Vater zehn Tage vor seinem Tod im Pflegeheim und deutete auf die Ansammlung von Gläsern und Tellern um ihn herum. „Was sie uns alles geben! Wir haben genug zu essen und zu trinken. Wir haben genug zum Anziehen. Und die Versicherungen in diesem Land funktionieren." Und dann wieder dieser Satz: „Wir können nichts Schlechtes über die Deutschen sagen!"

Ich weiß nicht, woran mein Vater in diesem Moment dachte. An den Herbst 1959, als er aus Israel zum Studium nach Hamburg kam, gekleidet in einen zu kurzen Mantel und frierend, weil es regnete? („Ich wäre am liebsten wieder zurückgefahren", sagte er später.) Dachte er an den Krieg? An seine Tante Sonia in Warschau? Wollte er seine Entscheidung rechtfertigen, nach Deutschland gekommen und geblieben zu sein, seine Entscheidung für eine deutsche Frau? Ich weiß es nicht. Ich weiß nur, dass er das Leben liebte, überall, wohin er kam. Fast bis zuletzt.

***

Am 28. November 2017 ist mein Vater gestorben. Meine Schwester war bei ihm. Am nächsten Tag fahre auch ich wieder nach Ulm. In meinen Rucksack packe ich zwei Kilo Linsen, weil ich im Netz gelesen habe, dass Juden während der *Schiwa* Linsengerichte essen. Als ich im Zug sitze, kommt ein Anruf aus Ulm. Es gibt ein Problem: In der Trauerhalle hängt ein Kreuz. Die Feier muss draußen stattfinden, ein jüdischer Kantor kann in dieser Halle nicht amtieren. „Es soll schneien. Die Trauergäste können nicht in der Kälte stehen. Wir ignorieren das Kreuz und schauen in die andere Ecke", schlage ich vor. Die Antwort aus Ulm: „Kommt überhaupt nicht infrage." Eine halbe Stunde später der nächste Anruf. Wir haben Glück. Das Kreuz ist nicht festgeschraubt. Für unsere Trauerfeier kann es von der Wand genommen werden.

In Ulm angekommen koche ich so viel Linsensuppe, dass wir die Reste später auf den Kompost werfen werden. Am nächsten Morgen, weniger als 48 Stunden nach seinem Tod, wird mein Vater begraben. Am Abend vor der Beerdigung überfliege ich die Gebete. Vor meinen Augen verschwimmen die hebräischen Buchstaben, sie sehen alle gleich aus. „Erhoben und geheiligt werde Sein großer Name auf der Welt, die nach Seinem Willen von Ihm erschaffen wurde. Sein Reich erstehe in eurem Leben in euren Tagen und im Leben des ganzen Hauses Israel." *Kaddisch* für einen Atheisten? Mein Vater hat das Trauergebet für seinen Vater verweigert, als mein Großvater 1957 in Israel starb. Meine Großmutter war enttäuscht von ihrem jüngsten Sohn. Aber mein Vater, 21 Jahre alt, Sozialist und Kibbuznik, handelte nicht aus Missachtung seiner Eltern, sondern aus Prinzip. „Wenn du nicht glaubst, dann glaubst du nicht", war sein Credo.

Und ich, wo stehe ich? Allein der Text des *Kaddischs* bereitet mir Probleme. Warum sollte ich Gott in höchsten Tönen loben, ausgerechnet nach einem Todesfall? Darf ein Mensch, der keine religiöse Ader hat, überhaupt *Kaddisch* sagen? Was würde Gott darüber denken, falls es ihn gibt? Was würde mein Vater sagen? Ich könnte mir die Lesart der

Orthodoxie zu eigen machen, dann bin ich still bei der Beerdigung: Der älteste Sohn des Verstorbenen spricht das Gebet am Grab. Aber mein Vater hat keinen *Kaddischsager*, keinen Sohn. Wer soll für ihn das Gebet sprechen, mein Cousin aus Israel? Mein Vater hat nichts festgelegt.

***

Bei der Beerdigung schneit es tatsächlich. Ich fühle wenig. Alles ist wie im Nebel. In Trauerhalle II, jetzt ohne Kreuz, singt der Kantor das *El Male Rachamim*. In einem weiteren hebräischen Gebet, das ich jetzt zum ersten Mal in meinem Leben bewusst höre, bitten wir den Verstorbenen um Verzeihung für den Fall, dass wir ihn je beleidigt haben. Der SPD-Mann Ivo Gönner, ehemaliger Oberbürgermeister und Parteifreund meines Vaters, und sein früherer Kollege Carlheinz Müller, Leiter des Zentralen Knochenmarkspender-Registers Deutschland in Ulm, halten Reden. Auch der Gemeinderabbiner gibt dem Toten die Ehre: Er hat den Minjan, das Quorum aus zehn Männern, organisiert. Der orthodoxe Jude schätzte den Ungläubigen, die beiden Israelis mochten sich, obwohl sich mein Vater trotz hartnäckiger Einladungen des Rabbiners nie an einem Minjan in der Ulmer Synagoge beteiligt hat.

Wir laufen auf dem verschneiten Weg zum jüdischen Teil des Friedhofs. Wir stehen am offenen Grab. Ich sehe meinen Cousin an, dann die Minjan-Männer, ältere Russen. Ich fühle mich wie in einem Film. In diesem Moment weiß ich: Ich bin keine Zuschauerin; es ist mir auferlegt, mitzuspielen. Mein Vater legte keinen Wert auf Gebete, aber er war stolz auf seine Töchter. „Ihr seid tolle Frauen", hat er

gesagt, „ihr habt Berufe, ihr könnt eure Kinder ernähren."
Der Zettel mit den hebräschen Texten ist verschwunden,
meine Manteltasche ist leer. Trotzdem sage ich das *Kaddisch*
wie meine Familie, als ob sich die Frage nie gestellt hätte.
Es hat nicht aufgehört zu schneien. Und die Minjan-Männer
antworten nicht mir, sondern meinem Cousin, als sie die
vorgeschriebenen Worte einwerfen: „Sein großer Name
sei gepriesen in Ewigkeit und Ewigkeit der Ewigkeiten",
„Gelobt sei Er!" und „Amen!"

Wir werfen Erde in die Grube und legen Steine an den
Rand. Dann brechen wir auf. Meine Mutter hat einen Im-
biss im Stadthaus organisiert, im ersten Stock über dem
Café am Münsterplatz, in dem ich zuletzt zusammen mit
meinem Vater saß. Viele Freunde, Verwandte und Bekannte
sind gekommen. Ein Nachbar wird später sagen: „Es war die
beste Beerdigung, auf der ich je war!" Wenige Wochen danach nehme ich ein Wort aus der Grabrede des Kollegen
meines Vaters auf, um es mit diesem Buch fortzuschreiben.

*Shraga Goldmann wurde am 21. Dezember 1935 als
Kind jüdischer Eltern in Berlin geboren. Ein Blick in
den Kalender zeigt, dass dies ein Samstag war. Nichts
Besonderes also – auf den ersten Blick. Da aber der
Samstag, der Schabbat, der jüdische Wochenfeiertag
ist, ist Shraga dem deutschen Verständnis nach so
gut wie ein Sonntagskind.*

Carlheinz Müller bezeichnete meinen Vater als „jüdisches
Sonntagskind". Ich nenne ihn *Schabbatkind*, obwohl er
auch ein Chanukkakind war. Aber ein Buch hat nur einen
Titel. Und dieses Buch ist mein *Kaddisch* für meinen Vater.

***

Zwölf Tage nach der Beerdigung ist Chanukka. Mein Vater
fehlt. Ich zünde die Kerzen in unserer Küche in Berlin und
vermisse seine respektlosen Witze über unsere Volkshelden,
die glorreichen Makkabäer, und die drei Segenssprüche,
die er gerne parodierte. Als Kind habe ich ihn dafür ge-
hasst; ich wollte nicht, dass er das Fest lächerlich macht.
Später habe ich verstanden, warum er nicht glauben konnte,
dass Gott den Guten hilft. Ich denke daran, wie er mich
beim *Schehechijanu* angelächelt hat, dem Segen: „Gelobt
seist du, Ewiger, der Du uns zum Leben gebracht und diese
Zeit hast erreichen lassen" – nicht, weil er Gott loben wollte,
sondern weil er sich freute, dass ich, seine Tochter, am
Leben bin.

Chanukkalieder kannte ich auswendig, schon lange, bevor ich Hebräisch lernte: Als Kinder haben wir – und das
nicht nur zu Chanukka – immer wieder die Schallplatte
der israelischen Sängerin Ilanit abgespielt, von *Maos Zur*
bis zum Lied vom Onkel, der seinem Neffen einen Blei-
kreisel schenkte. Fast 37 Jahre nach Aufnahme der Platte
wurde eine Operation der israelischen Armee in Gaza nach
einer Zeile des Liedes benannt: *Oferet jezuka* („Gegossenes
Blei"). Wenn ich den Song heute *höre,* denke ich an diesen
Krieg und die Herrschaft der Hamas statt an den Kampf
der Makkabäer. Ich habe Ilanits Platte aufbewahrt, das Vinyl
hat Kratzer, aber die Lieder klingen immer noch wie 1972.

Chanukka, das Lichterfest. Nach dem jüdischen Kalender wurde mein Vater am Tag der zweiten Chanukkakerze
geboren. Seine Mutter nannte ihn „zweites Lichtele". Er war
tatkräftiger und zielstrebiger als ich; er hat es mir nie vor-
geworfen. Vielleicht, weil auch er weniger helle Seiten hatte,

die nur wir kannten, seine Familie; er konnte sentimental und jähzornig sein. Er hat sich immer gewünscht, ich möge über ihn schreiben, seine Forschung, sein Lebenswerk. Ich habe ihm seine Bitte einige Male abgeschlagen mit der Begründung, dass eine Journalistin nicht objektiv über ihren Vater berichten kann. Ich weiß genau, dass ich ihn nie überzeugt habe.

Jetzt setze ich mich an den Computer und versuche einen Anfang. Von diesem Licht, das uns alle gewärmt hat, beginne ich zu schreiben, noch bevor die *Schloschim* vollendet sind, die 30 Tage der Trauer nach der Beerdigung meines Vaters auf dem jüdischen Feld des Ulmer Friedhofs. Aber über meinen Vater kann ich nicht schreiben, ohne von meinen Großeltern zu erzählen. Von meiner Großmutter Judith Goldmann, geborene Agajster, die Ides genannt wurde, und meinem Großvater Mordechai Goldmann, genannt Mottel. Beide habe ich nie kennengelernt. Ich habe nur Schwarzweißfotos von ihnen gesehen und die Geschichten meiner Familie über Ides und Mottel gehört.

BERLIN

Am Samstag, den 21. Dezember 1935, kam im Israelitischen Krankenheim in Berlin-Mitte (heute Torstraße 146) ein Junge zur Welt. Das Kind erhielt den Namen Felix. Ob seine Mutter, damals 38 Jahre alt, eine leichte oder eine schwere Geburt hatte, kann niemand mehr erzählen. Vermutlich ging es schnell, denn Ides hatte Routine: Der kleine Junge, den seine jüdische Mutter am dunkelsten Tag des Jahres 1935 gebar – wenige Monate nach Verkündung der „Nürnberger Gesetze" –, war das Ergebnis ihrer 13. Schwangerschaft. Vier ihrer Kinder waren Fehlgeburten, neun Babys wurden lebend geboren, sieben überlebten ihre frühe Kindheit.

Die Erstgeborene der großen Familie hieß Esther, ein blondes und blauäugiges Mädchen, das meine Großmutter Ides an Jom Kippur 1917 in Warschau auf die Welt brachte. Meine Tante Esther, die Ende der Dreißigerjahre in Berlin als Zionistin zur Rettung unserer Familie beitragen würde, bezeichnete sich zeitlebens als *Jekkete*, als deutsche Jüdin. Dass sie nicht in Deutschland, sondern in Polen geboren war, ließ sie in ihren Erzählungen immer aus. Einer der Gründe für Esthers private Geschichtsklitterung könnte der Tod ihrer kleinen Schwester gewesen sein.

Das Unglück in der Küche meiner Großeltern im Stadtteil Praga auf der östlichen Seite der Weichsel geschah im Jahr 1921. Damals war die zweite Tochter der Familie, Sara oder Surele, wie sie genannt wurde, zwei Jahre alt und verbrühte sich an einem heißen Wasserkessel, den entweder sie selbst oder die vierjährige Esther versehentlich vom Herd gestoßen hatte. Das kochende Wasser verbrannte Surele am ganzen Körper. Die Zweijährige starb wenige Tage später im Krankenhaus.

Meine Großtante Sonia Goldmann, die unverheiratete Schwester meines Großvaters, hätte auf die beiden Mädchen aufpassen sollen. Aber sie vernachlässigte ihre Aufsichtspflicht und las ein Buch, anstatt den Wasserkessel im Auge zu behalten. Diese Geschichte ist der Grund, warum Esther sich ständig schuldig fühlte, ich meinen Sohn bis heute nicht alleine in der Küche lasse, wenn Wasser kocht, und meine Großmutter ihrer Schwägerin ein Leben lang gram blieb. Vielleicht auch nur so lange, bis sich Sonias Spuren nach dem Überfall der Wehrmacht auf Polen im Herbst 1939 verloren.

Ein weiteres Geschwisterkind meines Vaters war bereits kurz nach seiner Geburt gestorben. Mein Großvater – so erzählte mein Vater – gab dem Baby sofort nach dessen Tod den Namen Duvidl (David), weil Ides vor ihrer Heirat mit Mottel in einen Spieler und Trinker namens Duvidl verliebt gewesen war. So triumphierte Mottel, der 16 Jahre älter war als seine Frau, durch den Tod eines seiner Söhne endgültig über Ides' erste Liebe.

Aber der jüngste Sohn, das *Schabbatkind,* sollte am Leben bleiben. Meine Großeltern nannten ihn Felix, erst in Palästina wurde er Shraga (aramäisch: die Leuchte oder der Erleuchtete), weil er am Lichterfest geboren war. Er selbst sprach von sich im Spaß als Feiwusch oder Feiwel. Sprachforscher halten Feiwel für eine jiddische Variante des griechischen Wortes Phoebus für Licht oder eine Abwandlung des lateinischen Vivus für Leben – hebräisch Chaim – ein Name, den Juden manchmal kranken Menschen geben, um den Todesengel zu verwirren und abzulenken.

Über Jahrhunderte war Shraga Feiwel eine gängige Namenskombination in der aschkenasischen Orthodoxie. Heute kommt Shraga fast nur noch bei *Charedim*, den Ultraorthodoxen, vor – moderne Israelis verwenden den Namen so gut wie nie. Mein Vater war zwölf Jahre alt, als der Staat Israel gegründet wurde. Noch bevor er *Bar Mizwa* wurde, war er schon Atheist. Seine Freunde in Israel nannten ihn Peles. Auf Hebräisch bedeutet Pele Wunder und Peles Wasserwaage. Meine Cousine Dania sagt, dass man ihn Peles nannte, weil er so ehrlich war wie eine Waage. Mein Vater war ehrlich und glaubte nicht an Wunder; er lachte nur über den Stab, den Mosche in eine Schlange verwandelt haben soll, und Mazze konnte er nicht ausstehen. Heilung erhoffte er sich nicht von Gott. Er war Sozialdemokrat und Arzt. Er glaubte an die Medizin, eine gerechte Gesellschaft und die Fähigkeit des Menschen, Kriege zu verhindern.

Über meinen Großvater Mottel ist wenig bekannt. Angeblich kannte er sein eigenes Geburtsdatum nicht. Doch laut unserem Familienstammbaum wurde Mordechai Goldmann am 8. Dezember 1881 in der Nähe von Witebsk in Weißrussland geboren. Einer seiner Vorfahren soll Rabbiner gewesen sein und einen feuerroten Bart gehabt haben. Vielleicht war es mein Urgroßvater Schmuel, ein *Talmud Chuchem,* oder in den Worten meines Vaters ein „Nichtstuer", dessen Frau – auch sie hieß Esther wie meine älteste Tante – die Familie ernähren musste. Mottels Familie floh Anfang des 20. Jahrhunderts vor Pogromen aus einem

Schtetl. Mehrere Frauen unserer Familie versteckten sich in Sümpfen, um den Verfolgern zu entgehen, und infizierten sich mit einer fiebrigen Krankheit. Wahrscheinlich war es Typhus.

Mein Großvater wurde Schuster und im Ersten Weltkrieg Soldat der zaristischen Armee. Beim Militär litt er so entsetzlich, dass er meinem Vater erzählte, die schönste Zeit seines Lebens habe er in deutscher Kriegsgefangenschaft verbracht. Während des Krieges kam Mottel nach Warschau und lernte dort Ides Agajster kennen. Nach dem Waffenstillstand zwischen Deutschland und Russland von Brest-Litowsk am 15. Dezember 1917 entzog sich mein Großvater dem Rücktransport in seine Heimat, indem er aus einem fahrenden Zug absprang und nach Warschau zurückkehrte.

Obwohl ihre Familie streng religiös war, konnte sich Ides als junges Mädchen zwei Freiheiten erkämpfen: „Sie wollte ihre Haare nicht abschneiden lassen und sie wollte ihren Mann selbst aussuchen", sagte mein Vater über seine Mutter. In der Tat trug Ides auch nach der Hochzeit ihr eigenes Haar und verweigerte den Scheitel, die Perücke. Auf dem einzigen Foto von ihr aus Warschau, das ich kenne, ist sie eine aschkenasische Schönheit. Doch die junge Frau mit den großen Augen und den vollen Lippen heiratete nicht ihre Jugendliebe Duvidl, den Kartenspieler und Trinker, den sie einige Jahre später gealtert, verwahrlost und ohne Zähne auf der Straße wiedersehen würde und endgültig erkennen musste, dass Duvidl sie nicht glücklich gemacht hätte. Als Ides unter der *Chuppa* stand, war sie 19 Jahre alt, und Mottel, ihr Bräutigam, schon 36, ein gutaussehender, starker und jähzorniger Mann. An seiner Seite sollte sie ein traditionelles Leben als jüdische Mutter vieler Kinder führen. Und Duvidl begraben, ihren kurz nach der Geburt gestorbenen Sohn, dem mein eifersüchtiger Großvater den Namen der ersten Liebe seiner Frau gab. Ob sich Ides Mottel wirklich ausgesucht hatte oder ob die Ehe arrangiert wurde, bleibt unklar. Wahrscheinlicher ist, dass Mottel das junge Mädchen durch seinen Bruder Schai Goldmann kennenlernte, der damals schon mit Ides' älterer Schwester Sara Lea Agajster verheiratet war. Möglich ist aber auch, dass diese Ehe über Kreuz, der zweite Bund zwischen den Familien Goldmann und Agajster, erst nach der Hochzeit meiner Großeltern geschlossen wurde.

Vieles haben mir mein Vater und Esther erzählt. Aber es gibt Geschichten und Details, die ich nur wiedergeben kann, weil es eine Audiodatei gibt – eine Aufnahme meines Großcousins Omry Goldman, der an der *Sam Spiegel Film & Television School* in Jerusalem studiert. An Chanukka 2014 hat Omry, ein neugieriger und gleichzeitig geduldiger Israeli – eine seltene Kombination – in Ulm ein vierstündiges Interview mit meinem Vater geführt. Die beiden Männer sprachen Hebräisch, mein Vater mit einem für ihn typischen weichen Einschlag. Sein Deutsch hatte einen starken Akzent, die Artikel der deutschen Sprache beherrschte er nie. Mehr als 50 Jahre nach seiner Einbürgerung im Jahr 1962 sagte er immer noch: „Der Schwein", wenn ihn jemand aufregte. Das Interview beginnt mit der Erzählung meines Vaters darüber, wie mein Großvater Mottel Goldmann nach Deutschland kam.

Er verließ Warschau alleine und kam über Rostock nach Berlin. Dort begann er, für einen deutschen Schuster Schuhe zu reparieren, er war Experte für

Leder. Der Plan war, die Frau und die Kinder (Esther und Erich) nachzuholen. Ich glaube, das war im Jahr 1921, als er nach Berlin kam. Er hatte nur ein winziges Zimmer und Essen bei seinem Arbeitgeber, keinen Lohn. Ich nehme an, dass er keine Aufenthaltserlaubnis hatte, aber das weiß ich nicht genau. Der Deutsche sah, dass mein Vater sich gut auskannte und sagte zu ihm: „Du heißt Goldmann? Du hast goldene Hände. Ich mache dir einen Vorschlag. Wir gründen zusammen eine Schuhmanufaktur. So lange du kein Geld hast, investiere ich, damit du unabhängig sein kannst. Und in dem Moment, wo das Geschäft läuft, registrieren wir es auf unsere beiden Namen, und du kannst mir später deinen Anteil zurückzahlen." Das war ein guter Mensch. So begann das Geschäft meines Vaters in Berlin. 1922 oder 1923 holte er Esther und Erich und meine Mutter nach, und auch seine Schwester Sonia. Sonia kam später in der Schoa um, niemand weiß, wo und wie.

Eigentlich wollte Mottel nicht in Berlin bleiben, sondern in die USA auswandern, was aber offenbar an der in den Zwanzigerjahren eingeführten Quote für Einwanderer aus Europa scheiterte. In Rostock oder Danzig – die Geschichte hat zwei Versionen – soll er mit seiner Familie versucht haben, ein Auswandererschiff zu besteigen. Auch Hans Goldmann, einer der Brüder meines Großvaters, soll versucht haben, nach Amerika zu gelangen. Vergeblich, stattdessen zogen beide Brüder nach Berlin. Mottel und Ides mieteten eine kleine Wohnung in der Metzer Straße 1 im damaligen Arbeiterbezirk Prenzlauer Berg.

Ende der Zwanzigerjahre gründete Mottel zusammen mit seinem Bruder Hans, der in offiziellen Unterlagen Ignatz genannt wird und weder als Hans noch als Ignatz geboren wurde – aber seinen jüdischen Namen wissen wir bis heute nicht –, die *Ballschuhfabrik Max und I. Goldmann.* Das Unternehmen produzierte zunächst in Prenzlauer Berg und später in Weißensee. In Berlin kam 1927 der zweite Sohn der Familie, mein Onkel Jakob (Jaki) zur Welt. Jaki war zwölf Jahre alt, als er Deutschland 1938 verlassen musste. Als Kind wurde er von seinem Vater, dem Schuhmacher, auf Botengänge zu Kunden in ganz Berlin geschickt und zog sich unterwegs heimlich Schinkenbrote aus Automaten, die er im koscheren Haushalt seiner Eltern in der Metzer Straße nicht essen durfte.

In den Siebziger- und Achtzigerjahren hat Jaki, wenn er uns in Ulm besuchte, meinen Eltern nächtelang und bis ins letzte Detail erzählt, welche Modelle in der Ballschuhfabrik der Goldmanns hergestellt wurden, wie die Maschinen funktionierten und dass Emmy Göring, die Frau von Hermann Göring, zu den besten Kundinnen meines Großvaters gehörte. Mein Vater liebte diese Geschichte und erzählte sie Jakis Enkel – meinem Großcousin Omry. So ist sie in der Familie geblieben.

Er (Mottel) ging jeden Schabbat in die Synagoge. Angeblich. Aber in Wirklichkeit rannte er zum Kartenspiel. Er spielte mit seinen zwei Freunden, mit Leiser und Bjolik oder Bjalik, jeden Schabbatmorgen Karten. Eines Tages im Jahr 1933 oder 1936, ich weiß es nicht genau, als sie wie immer in einem der Schuhgeschäfte Karten spielten, genauer gesagt im Keller

mit Fenster zur Straße, da sahen sie, dass die Frau
von Göring vor dem Laden stand und in den Laden
wollte. Eine der Verkäuferinnen kam in den Keller
und sagte ihnen: „Achtung, da ist die Frau von Göring,
sie will Schuhe kaufen!"

Alle erschraken. Dann sagte Leiser zu meinem
Vater: „Max, geh du nach oben! Denn wir sehen wie
typische Juden aus." Mein Vater sah nicht jüdisch
aus – er war blond und hatte blaue Augen. Alle in
unserer Familie hatten blaue Augen, außer Erich und
der Mutter. Also ging mein Vater nach oben. Er
sprach mit ihr Deutsch und sie sagte, sie hätte ein
besonders schönes Paar Schuhe im Schaufenster
gesehen. Sie zeigte ihm die Schuhe und sagte: „Die
gefallen mir. Passen sie mir?" Mein Vater sagte: „Ich
glaube nicht, aber ich kann welche machen, denn ich
stelle sie selbst her." Sie fragte: „Kann ich sie bekom-
men?" Sie war eine berühmte Theaterschauspielerin,
und sie war kein Nazi.

1948 wurde Emmy Göring vor der Spruchkammer Gar-
misch-Partenkirchen als aktive Nationalsozialistin einge-
stuft und zu 30 Prozent Vermögenseinzug, einem Jahr
Arbeitslager und fünf Jahren Auftrittsverbot verurteilt.
Warum urteilte mein Vater milder? Vielleicht, weil er rechtfertigen wollte, dass Mottel ihr Schuhe verkauft hatte?

Dann hat er ihr Maß genommen und gesagt, sie soll
eine Woche später wieder in den Laden in Prenzlauer
Berg kommen. Nach einer Woche kam sie wieder und
probierte die Schuhe an. Sie waren noch nicht ganz

fertig genäht, aber sie passten. Und dann sagte er:
„Kommen Sie in noch einer Woche wieder, dann sind
sie fertig." Und sie sagte: „Ja, aber ich will 20 Paar."
Die Schuhe wurden geliefert, sie bezahlte, und da-
nach kam sie jedes halbe Jahr wieder und kaufte
Schuhe in großen Mengen.

Die Ballschuhfabrik der Goldmann-Brüder war erfolgreich, sie beschäftigte Dutzende von Heimarbeitern, die Familie konnte ernährt werden. Die ersten beiden Kinder, Esther und Erich, hatten Mottel und Ides aus Warschau mitgebracht. In Berlin kamen Annie (Chana), Jakob (Jaki), Dolly (Dina), Marie (Mirjam) und schließlich Felix (Shraga) zur Welt. Im „Fremdenpass" meiner Großmutter, der sie als Staatenlose ausweist, stehen die deutschen Namen der Kinder. In Israel wurden sie nicht mehr verwendet.

Die älteren Geschwister mussten sich um die jüngeren kümmern. Mit nur zwei Schlafzimmern war die Wohnung in der Metzer Straße zu klein für die große Familie. 13 Schwangerschaften, neun Geburten und vier Fehlgeburten haben meine Großmutter früh altern lassen. Mein Onkel Jaki behauptete: „Jedes Mal, wenn sie ohne Baby aus dem Krankenhaus kam, haben wir eine Party gefeiert!"

Nach der letzten Geburt kam es zu einem Zerwürfnis: Nachdem Ides im Dezember 1935 mit meinem Vater, dem Jüngsten, aus dem Israelitischen Krankenheim in die Metzer Straße zurückgekehrt war, verließ Esther, die Erstgeborene, ihr Elternhaus. Seit ihrer Kindheit hatte sie Großeinkäufe erledigt, Wäscheberge abgearbeitet und Kleinkinder herumgetragen. Und sie hatte die Geräusche aus dem Schlafzimmer ertragen, wenn Ides keine Lust hatte und versuchte, sich Mottel zu verweigern. Meine Großmutter wollte keine weiteren Babys, aber mein Großvater liebte Kinder und war nicht bereit, Verzicht zu üben.

Für die älteste Tochter der Familie Goldmann war das siebente Baby eines zu viel. Dennoch fiel Esther der Entschluss schwer, die Familie zu verlassen. Wenn sie nach ihrem Auszug in die Gegend der Metzer Straße kam, wo ihre Eltern, Brüder und Schwestern lebten, zog sich ihr Herz zusammen. Einmal sah sie ihren Vater von Weitem und senkte den Blick.

Aber sie war 18 Jahre alt und wollte ein eigenes Leben beginnen. Esther zog ins Haus der zionistischen Jugendbewegung *Hechaluz* (Der Pionier). Sie lebte mit anderen jungen jüdischen Frauen in einer Wohngemeinschaft. Es gab Koch- und Abwaschdienste. Viel zu essen hatten sie nicht. In einem Tagebuch hielt meine Tante fest, dass die zionistische WG die Berliner jüdische Gemeinde mehrmals um Lebensmittel bitten musste.

Bei einem der vielen Jugendtreffen lernte sie einen jungen Mann kennen: Rudi Barta, Sohn einer deutsch-ungarisch-jüdischen Familie, einen Draufgänger, dessen Berliner Dialekt so stark war, dass sein Hebräisch 80 Jahre später noch so klang, als sei er gerade aus Neukölln nach Palästina eingewandert. Mit Rudi unternahm meine Tante die erste Tramptour ihres Lebens, seitdem waren sie ein Paar. Der junge Mann war in der deutsch-jüdischen Jugendbewegung *Blauweiß* aktiv, später beim Nachfolgeverband *Habonim Noar Chaluzi* (Bauleute der Pionierjugend). Seit seinem 14. Lebensjahr wurde er in Gruppen als Madrich, als Jugendleiter eingesetzt.

Bilder aus seinem Fotoalbum, das Szenen aus der deutsch-jüdischen Jugendbewegung in den Zwanziger- und Dreißigerjahren zeigt, sind in der neuen Dauerausstellung des Jüdischen Museums Berlin zu sehen. Unter einem Bild habe ich Rudis Handschrift wiedererkannt – in der Frage: „Koedukation?!" Welche Haltung er selbst vertrat, ist nicht schwer zu erraten: Rudi Barta schwärmte für viele Mädchen, meine Tante Esther war nicht die Einzige.

Herbert Baum, der Berliner Kommunist, der später in den Untergrund ging, führte eine Zeitlang junge Juden als Madrich, die auch auf Rudi Barta hörten. In seinen privaten Erinnerungen hat mein Onkel beschrieben, dass Herbert Baum und er Anfang der Dreißigerjahre die Kinder – viele waren noch nicht 14 Jahre alt – vor die Wahl gestellt hätten, sich für einen der beiden Madrichim zu entscheiden. Damit trennten sich ihre Wege. Rudi (Jahrgang 1914) bewunderte den zwei Jahre älteren Baum für sein pädagogisches Geschick, teilte aber nicht dessen politische Ansichten und wurde Zionist.

Für ihn und meine Tante Esther ein Glück: Die Baum-Gruppe flog im Mai 1942 nach dem Anschlag der Gruppe auf die antikommunistische Ausstellung „Das Sowjetparadies" am Berliner Lustgarten auf. Mehr als 20 Mitglieder wurden zum Tod verurteilt. Herbert Baum starb unter ungeklärten Umständen – entweder durch Suizid oder an den Folgen der Folter – in der Haft.

Dania [...] erinnert sich an einen Besuch mit ihren Eltern in Ost-Berlin. An einer Gedenktafel für die Herbert-Baum-Gruppe bemerkte sie das erste Mal in ihrem Leben, wie ihr Vater weinte. Er sah dort die Namen der Opfer. Viele von ihnen hatte er gut gekannt.

Die Zionistische Vereinigung für Deutschland (ZVfD), der sich meine Tante und mein Onkel in den Dreißigerjahren anschlossen, wurde vom NS-Regime gefördert – mit dem Ziel, die Juden loszuwerden. So bereiteten sich Esther und Rudi auf die Auswanderung nach Palästina vor. Sie lebten auf einer zionistischen Insel mitten in Nazideutschland, waren nicht nur in Berlin, sondern auch in anderen deutschen Städten im Einsatz. 1936 ging Rudi in den Kibbuz Grüsen in Nordhessen, der von der Reichsvereinigung der Juden in Deutschland und der jüdischen Familie Marx vor Ort betrieben wurde. Esther entschied sich für eine *Hachschara*, eine sogenannte Tauglichmachung für die Arbeit in der Landwirtschaft in *Erez Jisrael*, in der Nähe von Hamburg.

Wenn sie voneinander getrennt waren, schrieben sie sich Briefe, setzten sich über ihre Beziehung auseinander, tauschten politische Einschätzungen aus. Nach seiner *Hachschara* in Grüsen organisierte Rudi die Jugendarbeit im *Galil* (Bezirk) der Zionistischen Vereinigung für Deutschland in der Ortsgruppe Essen und fuhr mit einem Motorrad durch die Gegend, um andere junge Ausreisewillige zu betreuen. Esther arbeitete in Düsseldorf als Sekretärin für die Organisation Keren Kayemeth LeIsrael, die Spenden für den Aufbau der jüdischen Ansiedelung in Palästina sammelte.

Im Dezember 1937 zitierten die Zionisten Rudi in ihre Zentrale in der Berliner Meinekestraße und teilten ihm mit, Esther und er seien für einen zweijährigen Einsatz in Danzig vorgesehen. Dazu kam es glücklicherweise nicht mehr. Im Januar 1938 war Rudi 23 Jahre alt und Esther 20, als Post vom Düsseldorfer Regierungspräsidenten im Briefkasten lag. In dem Schreiben wurde meine Tante Esther Goldmann, sowjetische Staatsbürgerin wie mein Großvater Mottel, mit einer Frist von zwei Wochen aus dem Deutschen Reich ausgewiesen. Ihr jüngster Bruder Felix war wenige Wochen zuvor, im Dezember 1937, zwei Jahre alt geworden. Ich habe es versäumt, Esther nach Einzelheiten zu fragen. Sie starb 2014. Mir bleibt nur der Bericht meines Vaters.

Meine Schwester Esther war Mitglied in einer zionistischen Jugendbewegung, die Hechaluz hieß. Die zionistische Bewegung wollte so viele Menschen wie möglich nach Israel bringen, das damals Palästina hieß und unter britischem Mandat stand. Die Gestapo führte Gespräche mit den zionistischen Bewegungen, aber nicht offiziell. Sie brauchten jemanden, der Nachrichten überbrachte zwischen dem Gestapo-Hauptquartier und der zionistischen Bewegung. Und wer machte das? Meine Schwester Esther. Sie war blond, hatte blaue Augen, war dünn, sprach flüssiges Deutsch. Und sie war die einzige, die ein Ausweisdokument der Gestapo hatte. Sie konnte im Hauptquartier ein- und ausgehen.

Der Ausweis meiner Tante Esther, das ihr Zugang zum Haus der Gastapo verschaffte, war gefälscht. Einen echten Ausweis konnte man einer Jüdin nicht ausstellen. Die Gestapo-Leute hatten Esther klargemacht, dass sie ihr nicht helfen könnten, falls die Fälschung aufflöge – aber es sei die beste, die sie auftreiben konnten. Sie hatte Glück. Mein Vater hat von seiner Schwester erfahren, mit wem sie es zu tun hatte:

Esther kannte den Verantwortlichen für Ausreisen von Juden, das war Obersturmbannführer Müller von der Gestapo.

Gemeint war Heinrich Müller, der 1936 zum Obersturmbannführer der SS befördert wurde. 1939 avancierte er zum Gestapo-Chef von Berlin und Leiter der Reichszentrale für jüdische Auswanderung. Am 20. Januar 1942 war Müller einer von 15 Teilnehmern der Wannsee-Konferenz in Berlin – einer „Besprechung mit anschließendem Frühstück" über die Details der „Endlösung der Judenfrage".

Was genau die Hintergründe für die Ausweisung meiner Tante Esther im Januar 1938 aus Deutschland waren, kann ich nicht sagen. Vielleicht ihr sowjetischer Pass. Mein Vater hatte eine andere Erklärung:

Die Gestapo nahm Geld von Menschen, die welches hatten, und ließ sie ausreisen. Aber die NSDAP kam darauf, dass die Gestapo alleine Geld machte durch die Gespräche mit den Zionisten. Esther wurde ins Gestapo-Gebäude zitiert, und man sagte ihr: Diese Verbindungen müssen abgebrochen werden. In Palästina gab es damals das Weißbuch, jeden Monat durfte nur eine bestimmte Zahl von Juden einwandern. Man nannte das Zertifikate. Es gab Zertifikate für Einzelpersonen, aber auch für Familien, also konnte man mehr Menschen einwandern lassen. Man sagte Esther: „Sie müssen innerhalb von zwei Wochen Deutschland verlassen. Wir wissen alles über Sie, wir wissen, dass Sie die Freundin von Rudi Barta sind. Sie können ihn mitnehmen, aber Sie müssen heiraten."

Esther antwortete: „Nach deutschem Gesetz kann man nicht innerhalb von zwei Wochen heiraten, es braucht mindestens sechs Wochen." Sie sagten: „Sie wissen, dass wir in Deutschland herrschen. Für uns ist das möglich. Gehen Sie zu einem Rabbiner, für uns ist das als Heiratsdokument ausreichend." Mein Vater hat seiner ältesten Tochter innerhalb kurzer Zeit eine Hochzeit bei einem Rabbiner organisiert, und so konnte sie tatsächlich mit Rudi nach Palästina einwandern.

Eine Zivilehe war die Voraussetzung, um über das *Palästina-Amt* in der Meinekestraße 10 in Berlin-Wilmersdorf an ein Zertifikat für beide Ehepartner zu kommen – das Dokument, das zur Einwanderung nach Palästina berechtigte. Zertifikate waren knapp, und viele fiktive Ehen wurden aus Verzweiflung geschlossen. Rudi war kein Deutscher, sondern ungarischer Staatsangehöriger, und die Botschaft seines Landes verweigerte ihm die Ehe mit einer Bürgerin der Sowjetunion. So heirateten sie am 27. Februar 1938 unter einer Chuppa und feierten in kleiner Runde im koscheren Restaurant Gabel am Hackeschen Markt.

Ein verliebter Zionist namens Kurt verschaffte Esther das rettende Papier. Als sie Anfang 1938 das Haus der ZVfD in der Meinekestraße betrat, traf sie dort den Mann, den sie bei ihrer *Hachschara* in der Nähe von Hamburg kennengelernt hatte und der seitdem für sie schwärmte. Kurt hätte Esther gerne selbst geheiratet. Aber er liebte sie so sehr, dass er seine Gefühle an zweite Stelle setzte und dem jungen Paar, das nur eine *Ketuba* – das jüdische Ehedokument – vorweisen konnte, zu einem Zertifikat für Palästina verhalf.

Die deutschen Behörden gaben Esther und Rudi einige Wochen Aufschub für die Ausreise. Sie verließen Berlin mit dem Zug in Richtung Österreich am 12. März 1938, einen Tag vor dem „Anschluss". Als der Zug im Anhalter Bahnhof abfuhr, bemerkten sie deutsche Soldaten, die in dieselbe Richtung unterwegs waren. Ich vergesse nie, wie Esther mir von den jubelnden Menschen auf dem Bahnhof in Wien erzählte, die die Wehrmacht und bei dieser Gelegenheit auch das junge jüdische Paar aus Berlin begeistert begrüßten, weil sie die beiden für Reichsdeutsche hielten. Meine Tante und mein Onkel spielten ihre Rollen perfekt, hoben die Hand zum „deutschen Gruß" und lächelten. In Österreich merkte keiner, wer sie waren. Rudi sprach das breiteste Berlinerisch, das ich je gehört habe. Esther, blond und blauäugig, sah aus wie eine „Arierin" aus dem Bilderbuch.

Von Wien fuhren sie nach Triest. Im Zug mussten sie sich ausweisen. Noch Jahrzehnte später berichtete mir Esther angewidert von der „sehr gründlichen Leibesvisitation", die sie bei der Passkontrolle über sich ergehen lassen musste. Sie erreichten den Hafen. Sie bestiegen das rettende Auswandererschiff nach Haifa. Im September 1938 folgten ihnen Mottel und Ides mit ihren jüngeren sechs Kindern. Der Schuhfabrikant konnte – wie viele Tausende andere Juden in Deutschland in den Dreißigerjahren – über das *Palästina-Amt* ein sogenanntes Kapitalistenzertifikat erwerben.

Wenn ich mit dem Fahrrad auf dem Kurfürstendamm unterwegs bin, fahre ich oft an der Meinekestraße vorbei. Manchmal biege ich ein. Dann stehe ich mit einem Gefühl der Dankbarkeit vor dem Haus Nummer 10 und dem Schild, das auf die Geschichte des *Palästina-Amts* hinweist. Auf die 50.000 Menschen, die durch die Zertifikate der Zionisten gerettet wurden, ausgestellt in dem Haus, vor dem viele Schlange standen, stundenlang, tagelang, oft vergeblich. Das ehemalige Gestapo-Gebäude in der Prinz-Albrecht-Straße 8 in Berlin-Mitte, in dem meine Tante Esther ein- und ausging, gibt es nicht mehr. Es wurde im Krieg zerstört.

Obersturmbannführer Müller sagte zu meiner Schwester: „Fräulein Goldmann, wir haben ernsthaft und ehrlich zusammengearbeitet. Wenn Sie eine besondere Bitte haben, sagen sie es mir." Und Esther sagte: „Wenn meine Eltern Probleme bekommen, lassen Sie sie auswandern." Ob er etwas getan hat, wissen wir nicht. Wir wissen nur, dass er es gesagt hat. [...] Die Geschichte ist folgende: Wir hatten Glück, mehr Glück als Verstand. Eines Tages im Jahr 1938 bekam mein Vater eine schriftliche Anweisung, Deutschland sofort zu verlassen. Man hat uns vertrieben. Das war unser Glück. Man hat damals viele Juden vertrieben, die aus Polen kamen. Meine Mutter kam aus Polen, aber aufgrund der deutschen Gesetze galt auch sie als sowjetische Bürgerin wie mein Vater. Was der genaue Grund für die Vertreibung war, wissen wir nicht, und auch nicht, warum er sich das Land aussuchen konnte, in das er floh. Man hat ihm genug Geld gelassen, um Eisenbahnfahrkarten nach Triest zu kaufen, und Schiffskarten von Triest nach Haifa.

Doch der größte Teil des Vermögens, die Ballschuhfabrik, war verloren. Mehr als 50 Jahre später schrieb mein Onkel Jaki, der sich an jedes einzelne Schuhmodell meines Großvaters erinnern konnte, auf einer Schreibmaschine ohne Umlaute im Namen der Erbengemeinschaft an das Amt für offene Vermögensfragen im wiedervereinigten Deutschland:

Jakob Goldman, Ramat Hasharon (Israel), Eli Cohenstr. 25, 13. November 1990

In der Sache MAX GOLDMANN, Ballschuhfabrik, Berlin NO 43, Meyerbeerstrasse 1–4 fassen wir hiermit zusammen:

Die obengenannte Fabrik wurde von Herrn Goldmann im Jahre 1927 oder 1928 gegruendet. Zuerst befand sich die Produktion im kleinen Rahmen in den Raeumen Strassburgerstrasse 38 und danach Prenzlauer Berg, bevor die Fabrikation in einem dafuer geeigneten industriellen Raum mit modernen Maschinen und Einrichtungsgegenstaenden in der obengenannten Adresse aufgenommen wurde.

Durch die besondere Spezialisierung auf Luxusschuhe nahmen die Umsaetze sehr schnell zu. Dies drueckte sich darin aus, dass damals bestehende grosse Schuhhaueser zu den Abnehmern gehoerten: Leiser mit vielen Filialen, die Schuhgeschaefte von Bialik in Berlin-W, Scheinmann in Duesseldorf und viele andere. Ab 1931 beschaeftigte die Fabrik durchschnittlich 80–100 Angestellte und Arbeiter.

Am 5. Mai erhielt die Familie Goldmann einen Aus-
weisungsbefehl. Da das Original bei der Ausreise ab-
gegeben werden musste, legen wir eine Kopie der Ausweisung der Tochter Esther Goldmann bei, die diesen
bereits vorher erhielt, aber denselben Inhalt hat.

In einer Annonce im „Berliner Tageblatt" wurde die
Fabrik zum sofortigen Verkauf angeboten. Eines der
Kaufangebote kam vom SS-Standartenfuehrer
Hakinjos aus Saarbruecken. Auf eine zusagende
Antwort hin kam sein Sohn sofort nach Berlin, um
den Kauf durchzufuehren. Der Betrieb wurde auf
212.000 Mark geschaetzt – dieser Betrag sollte auf
Betreiben der „Arbeitsfront" auf eine runde Summe
von 200.000 herabgesetzt werden.

Alle Besprechungen fanden unter dem Druck der
Ausweisung statt, die bis zum 19. September 1938
verlaengert wurde – nach Berichten des verstorbenen
Herrn Goldmann durch Einfluss von Hakinjos, der
bis dahin keinen Pfennig fuer den Kauf gezahlt hatte.
Am 18. September wurde Herr Goldmann verhaftet.
Er musste sofort einen Betrag von 3.000 oder 4.500
Mark an die „Gefolgschaft" zahlen und am naechsten
Tag Deutschland verlassen, ohne den Gegenwert fuer
den Verkauf erhalten zu haben. Auch die noch auf
den Konten der Commers- und Privat-Bank und auf
dem Postscheckamt befindlichen Betraege durfte er
nicht abheben. Eine Entschaedigung fuer obengenannte Werte wurde niemals geleistet, da sich die
Fabrik im bisherigen Ost-Berlin befand.

Und in einem Schreiben aus dem Jahr 1957, das einen Rentenantrag an Deutschland stützen sollte, bescheinigte der Arzt Jacob Munweis aus Haifa meiner Großmutter Ides:

Am Tage der vorgesehenen Ausreise wurde der Ehemann durch die Gestapo und SS verhaftet. Während der Haft erschien bei der Patientin der Betriebszellenobmann der Fabrik, Paul Kirschner, und versuchte, 4.800 Mark zu erpressen. Er erklärte der Patientin, dass der Ehemann verhaftet worden sei, weil er kein Geld geben wollte und drohte ihr, die Ausreise der ganzen Familie zu verhindern [...] Bei Weigerung zu zahlen drohte er ihr, sie selbst verhaften zu lassen und beschimpfte sie. Die Patientin befand sich mit dem jüngsten Kind von etwa 1-3/4 Jahren auf dem Arm, in einem Zustand furchtbarer Aufregung und seelischen Schocks und zitterte am ganzen Leib.

Der Arzt Jacob Munweis irrte sich in diesem Punkt: Das jüngste Kind, der kleine Felix, war damals nicht ein $1^3/_4$, sondern $2^3/_4$ Jahre alt. Ich habe diese Briefe in den Unterlagen meines Vaters gefunden. In dem Regal in seinem Arbeitszimmer liegen zahlreiche Schriftstücke, aber kaum Bilder.

Die Familien Goldmann und Agajster haben nur wenige Fotos hinterlassen. Eine Verwandte soll angeblich ein Familienarchiv besessen haben. Weil sie sich von den Goldmanns schlecht behandelt fühlte, soll sie alle Fotos in den Müll geworfen haben.

Mein Vater hat versucht, nach diesen Fotos zu suchen. Aber die Frau war ihm keine Hilfe, als er sie in den Neunzigerjahren besuchte. Sie war religiös geworden, wohnte in einer Bruchbude in Tel Aviv und versuchte, mit einem Medium zu kommunizieren. Von den Bildern keine Spur. Ich habe darüber nachgedacht, die Verwandte noch einmal aufzusuchen. Mein Cousin Dror Goldman, Jakis Sohn und Omrys Vater – ein Israeli, der nach außen hin ruhig und beherrscht wirkt, aber alle unsere Leidenschaften geerbt hat, den schwarzen Humor und den Jähzorn –, empfiehlt mir, die Bilder zu vergessen: „Ich denke, die Geschichte ist wahr. Alle Unterlagen sind im *Pach* (Mülleimer) gelandet", sagt er.

Ich kann also nur von den Ausgewanderten erzählen – denjenigen, die den mörderischen Kontinent Europa noch Ende der Dreißigerjahre verlassen konnten. Über fast alle anderen gibt es nicht einmal Geschichten. Mein Vater sagte mir, seine Eltern hätten in Israel nie über ihre Familie in Europa gesprochen: „Es war eine versunkene Welt." Und er wollte es auch nicht so genau wissen: „Das waren alles Tote, wir haben nicht gefragt."

SUCHE IN WARSCHAU

Mein Vater musste nach 13 Menschen suchen, nach den Geschwistern seiner Mutter, ihren Partnern und Kindern. Die Vermisstenmeldungen in hebräischen Zeitungen lesen. Für Ides hätte es viel bedeutet, ihre Schwestern und ihren Bruder zu finden. Für mich sind es Geister wie ihr Familienname: Agajster.

Will ich, Ides' Enkelin, ihren Auftrag erfüllen, an dem mein Vater scheitern musste? Ich recherchiere, ohne genau zu wissen, warum. Fünf Wochen nach seinem Tod gebe ich „Agajster" bei Google ein.

Meine erste Spur: Der Name Agajster ist im Sterberegister des Warschauer Ghettos aufgeführt. Später lerne ich, dass nach dem Krieg fast 10.000 der ursprünglich 100.000 Karteikarten des Registers wahrscheinlich auf einem Schutthaufen in der zerbombten Stadt gefunden wurden. Auf einer dieser Karten ist der Tod meiner Großtante vermerkt. Auf einer Genealogie-Website finde ich die Eckdaten ihres Lebens.

Tauba Agajster, Tochter von Fajga und Hersch, geboren 1884 in Warschau, gestorben im Warschauer Ghetto am 3. März 1941. Todesursache: Grippe.

Das ist ungerecht, warum hat mein Vater umsonst gesucht und ich werde fündig, nach wenigen Klicks? Es ist zu spät für Ides, meine Großmutter wird niemals wissen, wie ihre Schwester gestorben ist. Im Bett. Rechtzeitig. Sie war kein Opfer der Schoa! Ich freue mich ein paar Tage für Tauba Agajster. Dann merke ich, dass ich mich irre.

Grippe, eine natürliche Todesursache? Bei 184 Kalorien pro Tag, die Juden im Ghetto zugestanden wurden? Nein, es saß niemand an Taubas Bett, der ihr Hühnersuppe einflößte. Es gab kein Huhn. Es gab nur Wassersuppe. Und vielleicht kein eigenes Bett und nicht einmal die Grippe. Hatten die Chronisten des Sterberegisters aus eigenem Interesse einen Typhusfall als Grippefall getarnt? Gut möglich. Im März 1941, berichtete der polnisch-jüdische Historiker Emanuel Ringelblum in seinem Untergrundtagebuch, erreichte eine Typhusepidemie im Ghetto ihren Höhepunkt. Es gab keinen Versuch der Besatzer, sie zu bekämpfen. Im Gegenteil.

„Seuchensperrgebiet". Warum habe ich als Teenager *Ein Stück Himmel* von Janina David gelesen und die Verfilmung mit Dana Vávrová gesehen, als wäre es die Geschichte fremder Menschen? *„Zu unserem Leidwesen mußten wir feststellen, daß unsere neue Wohnung nie auch nur von dem kleinsten Sonnenstrahl erreicht wurde. Nur ein kleines Stück Himmel war hoch oben sichtbar, am Ende des Brunnenschachtes, in dem wir lebten."*

Nie hatte ich Janinas Geschichte mit meiner Familie in Verbindung gebracht. Aber sie lebten in der gleichen Stadt, im gleichen *jüdischen Wohnbezirk* mit 450.000 Einwohnern, in Muranów. Janina Dawidowicz – wie ihr Geburtsname lautete – wurde gerettet, weil ihr Vater bei der Ghettopolizei arbeitete, Brot für seine Tochter kaufen und sie aus dem Ghetto schmuggeln konnte. Tauba Agajster gehörte zu den 100.000 Ghettobewohnern, die „von alleine" starben, bevor die großen Deportationen begannen. Und während man sie mitten im 20. Jahrhundert verhungern ließ, fuhr eine elektrifizierte Straßenbahn durch Muranów, das Ghetto von Warschau, der erste Wagen gekennzeichnet mit einem jüdischen Stern.

In meinem Bücherregal liegt ein Papierstapel, den ich seit vielen Jahren nicht mehr angerührt habe. In der Mitte des Umschlags liegt ein DIN A4-Umschlag, darin zusammengefaltet eine Kopie unseres Familienstammbaums, DIN A3. Ich war 30, als ich meine Tante Dina, die sich nicht zu Unrecht für die schönste Frau unserer Familie hielt, in ihrer Wohnung in Haifa besuchte und den Stammbaum kopierte, den sie gewissenhaft in einer runden hebräischen Handschrift geführt hat.

Ich wollte damals herausfinden, was unsere Familiengeschichte für mich bedeutet. Ich bin daran gescheitert, ich war vielleicht zu jung. Eine Therapeutin war der Ansicht, ich litte an einem „Zweite-Generations-Syndrom". Das klang gut. Zu gut. Ich glaubte, ich hätte einen Generalschlüssel gefunden. Aber ich habe mich geirrt. Denn niemand in unserer Familie hat ein Überlebendentrauma. Aus einfachem Grund: Es gibt keine Überlebenden. Ich habe seitdem nicht mehr versucht, mir die Geschichte zu erschließen. Nie wieder wollte ich der Versuchung erliegen, alles erklären zu können. Bis zu dem Moment, als ich den Stammbaum aus dem Umschlag ziehe, habe ich mich nicht mehr getraut, über die Toten nachzudenken. Über Sonia und Schai, die Geschwister meines Großvaters. Über 13 Menschen, die spurlos verschwunden sind.

Ich bin wieder im Internet, aber es sind zu viele Tote. Das Archiv der israelischen Holocaust-Gedenkstätte Yad Vashem listet in verschiedenen Schreibweisen 40 ermordete Männer mit dem Namen Schai Goldmann auf. Auch Sonia Goldmann, die leidenschaftliche Leserin und nachlässige Babysitterin, die Vorschläge eines Heiratsvermittlers beharrlich ignoriert haben soll, wurde mehr als einmal getötet. Oder sie ist mit dem Schiff nach Amerika gefahren. Im Netz habe ich eine Sonia Goldmann gefunden, die in die USA ausgewandert ist. Aber dann hätte sie sich nach dem Krieg doch gemeldet und meinem Vater und seinen Geschwistern Pakete mit Marshmallows geschickt.

Oder sie wäre in die Sowjetunion geflohen. Irgendwann hätte ihre Tochter Mascha herausgefunden, dass sie Verwandte in Westdeutschland hat, und hätte am Telefon laut über mich gelacht, weil ich das russische R nicht rollen kann, typisch *Jewrej!* Sie hätte uns nach Moskau eingeladen. Was für ein Familientreffen, sie hätte meine Eltern unter den Tisch getrunken. Aber niemand hat angerufen. Es gibt keine Mascha.

Es gibt keine Bilder. Nur Namen. Die Vorfahren meiner Großmutter, die Agajsters, kamen aus Klimontów, einem Schtetl im Bezirk Kielce zwischen Krakau und Lublin. Wie andere jüdische Familien zog es sie in die Großstadt. Anfang des 20. Jahrhunderts taucht der Name Agajster in Warschauer Archiven auf. Dann verschwindet er wieder.

Meine Großmutter hatte vier Geschwister: Sara Lea, Elka, Tauba und Żyle. Ich weiß nichts über die drei Agajster-Schwestern. Ich kann nur ihre Namen nennen, aber nichts erzählen. Nichts und alles: Es hat sie gegeben! Ich bin Journalistin, keine Romanautorin, es ist mir nicht gegeben, ein Leben für die Frauen meiner Familie zu erfinden, sie bleiben Geister. Ich kann sie nicht vor Augen sehen. Ich weiß nicht, wovon sie geträumt und wie sie geliebt haben.

Der Einzige, über den ich etwas herausfinde, ist mein Großonkel Żyle (sprich Schyle) Agajster, der Bruder meiner Großmutter. Er war Uhrmacher und lebte in Warschau. Dank seines Lebenswandels schaffte er es in die polnische Klatschpresse. Die Zeitung *ABC Tägliche Neuigkeiten*, die ich im Internet entdeckt habe, meldete am 20. März 1936 unter der Rubrik „Frauen rauben Männer aus":

Agajster Żyle (Pl. Parysowski 5) oskartył żonę Hawc Dwojra o bezprawną sprzedaż z mieszkania cenniejszych przedmiotów, a gdy mąż oponował. żona pobiła go i wyrzuciła z domu.

Auf Deutsch:

Agajster, Żyle Pariser Platz 5 beschuldigt seine Ehefrau Hawa Dwojra des Verkaufs wertvoller Gegenstände aus der gemeinsamen Wohnung, und als der Ehemann dagegen opponierte, schlug sie ihn und warf ihn aus dem Haus.

Der *Bialystoker Bote* druckte am 3. Februar 1936 eine noch dramatischere Story über meinen Großonkel. Unter der Überschrift „Grausame Rache am Verführer" heißt es:

Ein ungewöhnlich romantischer Fall beschäftigt zur Zeit die Polizei des IV. Kommissariats. [...] Auf dem

Parysowski-Platz [Pariser Platz] im Haus Nr. 5 wohnt
ein 55-jähriger Mann namens Żyle Agajster, der im
ganzen Stadtteil dafür bekannt ist, dass er trotz
seines fortgeschrittenen Alters zum fünften Mal den
Ehebund geschlossen hat. Von den anderen vier
Frauen hatte er sich scheiden lassen, da sie ihm nicht
die eheliche Treue gehalten hatten. Der so oft ent-
täuschte Agajster hatte nun aber zu seiner aktuellen
Frau volles Vertrauen und rühmte sich ihrer Treue
Bekannten gegenüber.

Seit zwei Jahren wohnte in der Wohnung der
Agajsters der Untermieter Nachman Esterman, der
in der Muranowska-Straße 31 Notizbücher produ-
zierte. Im häuslichen Leben des Agajsters spielte er
keine Rolle. Vor einigen Tagen traf Herr Agajster
seine Frau in einer Umarmung mit Herrn Esterman
an. Es brach ein Skandal aus, der mit dem Rauswurf
des Herrn Esterman, seines Schlafsofas und seiner
restlichen Möbel endete.

Damit hätte es sein Bewenden haben können,
wenn die Frau ihren Liebhaber nicht in dessen Woh-
nung in der Muranowska-Straße 1 besucht hätte. Der
gehörnte Ehemann erfuhr nicht nur davon, sondern
auch, dass die Affäre seiner Ehefrau mit Herrn Ester-
mann schon zwei Jahre andauerte, also fast seit Be-
ginn der Eheschließung mit ihm. Das war zuviel.

Der Uhrmacher Agajster mobilisierte die gesamte
Familie. An der Spitze liefen der älteste Sohn Moszek
und Żyles Schwester Chana (Szmocza-Str. 39) [ge-
meint war offenbar Żyles Tochter Chana, Anmerkung
A.G.] sowie die Cousinen Rifka und Szajndla Sztern

(Niska-Str. 3), danach folgten der Kutscher und das Hauspersonal. Sie schnappten Esterman, der auf keinen Angriff gefasst war, vor seiner Fabrik in der Muranowska-Straße 31.

Die Abrechnung fiel blutig aus. Der Verführer – Esterman – konnte auf keine Gnade rechnen. Er wurde mit Messern attackiert, mit Haushaltsgegenständen geschlagen und mit Füßen getreten. Den nur noch Halblebenden befreite die Polizei aus den Händen der Rächer und brachte ihn zur Notfall-Ambulanz. Zur Zeit ermittelt die Polizei noch in diesem Fall, verhört weitere Zeugen sowie auch die Helden des ungewöhnlichen Ehe-Dreiecks.

Ein Lebemann aus einer strenggläubigen Familie, der seine Ehre brachial verteidigte ... Vielleicht stand Żyle Agajster jedes Mal erneut unter der Chuppa, um anschließend seiner Frau einen *Get*, den Scheidebrief, zu geben? Vielleicht hatte er religiöse Zeremonien satt? Die Wahrheit ist, es kümmert mich nicht. Ich freue mich für ihn, dass er trotz allem nicht aufgehört hat, an die Liebe zu glauben.

Was aus dem unglücklichen Ehemann wurde? Ob er ein sechstes Mal geheiratet hat? Ich weiß es nicht. Ich weiß nur, dass in der Gegend um den Parysowski-Platz in Muranów, dort, wo die Schmuggler im Ghetto ein- und ausgingen, in der letzten Phase der *Großen Aktion* im September 1942 100.000 Menschen zusammengetrieben wurden. Ob mein Großonkel unter ihnen war, werde ich nie erfahren.

Wo waren seine Tochter und sein Sohn? Auch das weiß ich nicht. Ich weiß nur, dass Żyles Kinder Chana und Mosche hießen. Zuerst habe ich auf Mascha getippt, die hebräischen Buchstaben sind auf dem Familienstammbaum nicht punktiert, aber Mascha ist kein jüdischer Name. Meine Tante Dina hat alle Namen, die sie wusste, in den Stammbaum geschrieben. Ich weiß nicht, mit welchen Frauen Żyle Agajster vielleicht weitere Kinder hatte. Ich weiß nur, dass drei meiner Großtanten kinderlos geblieben sind. Aber die Informationen, die in unseren Stammbaum eingeflossen sind, müssen Ende der Dreißigerjahre versiegt sein. Ich weiß nicht, wer danach geboren wurde. Zu spät, um zu überleben.

„Spätgebärende": Mein Kopf beginnt sich zu drehen. Meine Urgroßmutter Fajga Agajster bekam 1898 ihr letztes Kind. Sie war 43 Jahre alt, als Ides, meine Großmutter, geboren wurde. Ich wurde mit 39 Mutter eines Sohnes. Als ich 43 war, habe ich noch einmal einen Herzschlag im Ultraschall gesehen. Eine Woche später war es eine *missed abortion*, ein totes Kind und viel zu klein. Ich hätte gerne noch eine Tochter gehabt. Eine jüdische Tochter.

Ich sehe den Stammbaum vor mir, aber ich kann nichts mehr erkennen. Ist es meine Aufgabe, Menschen zu ersetzen? Wer sagt überhaupt, dass ich eine Tochter verloren habe? Ich kann doch nicht wissen, ob es ein Mädchen war, der kleine blinkende Punkt auf dem Ultraschallgerät. Dann wird es weiß vor meinen Augen. Ich sehe Punkte, die sich auflösen. Ich rufe meinen Freund M. an, der mich kurz nach dem Tod meines Vaters zum Schreiben ermutigt hat. Ich sage: „Diese Suche macht mich verrückt." M. sagt: „Dann leg das alles wieder zurück und lass diese Schublade zu. Hör auf damit. Sofort." Ich halte mich an seinen Rat, der Stammbaum landet nicht wieder im Regal, sondern in einer Schublade ganz unten im Kleiderschrank.

Nach einigen Tagen habe ich die Geschichte so weit von mir weggeschoben, dass ich der Überzeugung bin, meine Großtanten und Großonkel in Warschau seien kinderlos gewesen. Alle. Eine unfruchtbare Familie. Ein paar Wochen später, als ich den Umschlag mit dem Stammbaum wieder öffne, denn jetzt kann ich nicht mehr anders, werde ich mich über meine Verdrängungskünste wundern. Denn vier Kinder stehen doch auf diesem Blatt Papier: Mosche und Chana, Scheijna und Idel Berl. Meine Großmutter wusste ihre Namen, meine Tante hat sie notiert. Vielleicht waren die Kinder meiner Großonkel und Großtanten selbst schon Eltern. Dann hätten wir mehr verloren als 13 Menschen, die in unserem Stammbaum stehen. Aber an das Schicksal der Kinder will ich nicht denken. Ich lege den Umschlag zurück in die Schublade.

Wenig später stoße ich auf ein Buch des Historikers Stephan Lehnstaedt: *Der Kern des Holocaust – Bełżec, Sobibór, Treblinka und die Aktion Reinhardt*. Benannt sind die Verbrechen in den drei Vernichtungslagern nach Reinhardt Heydrich, ehemaliger Chef des Reichssicherheitshauptamtes, der 1942 an der Wannsee-Konferenz teilnahm und später von tschechischen Widerstandskämpfern ermordet wurde. Als ich Lehnstaedt im März 2018 in der Bibliothek des Hauses der Wannsee-Konferenz für die *Jüdische Allgemeine* interviewe, wird mir klar, warum ich niemals herausfinden werde, wo unsere Familie geblieben ist.

„In Deutschland gedenken wir insbesondere der Opfer von Auschwitz. Viele wissen aber gar nicht, dass in Auschwitz ‚nur' etwa 1,1 Millionen von insgesamt etwa sechs Millionen jüdischen Opfern ermordet wurden. Vernichtungslager wie Treblinka mit 900.000 oder Bełżec mit 500.000 Opfern sind Orte, die in Deutschland kaum jemandem etwas sagen. Dementsprechend wissen wir auch nichts über die Opfer, wir wissen wenig über ihr Schicksal, und wir kennen auch ihre Namen nicht", sagt der Historiker.

Es wird also niemals kleine Vierecke aus Messing mit dem eingravierten Namen Agajster im Straßenpflaster geben. Denn für Menschen, deren letzte Wohnorte niemand kennt oder deren Viertel zerbombt wurde, kann man nicht einmal Stolpersteine verlegen.

***

Es wird wieder Herbst, und ein Gedenktag rückt näher: 80 Jahre *Kristallnacht*. Die Zeitungen sind voll von Rezensionen, Biografien, Anthologien, Rückschauen auf 1938, das Schicksalsjahr vieler jüdischer Familien in Deutschland. Ich bin neidisch auf alle, die das Wort führen. Auch ich hätte etwas zu sagen. Aber ich lasse die anderen schreiben, mache Interviews, spreche mit Zeitzeugen, bleibe Beobachterin.

Bis ich an Bernie denke, den Cousin meines Vaters, der in London gelebt hat. Als Kinder haben wir wunderbare Urlaube in seinem Cottage in Gloucestershire verbracht. In seinem Garten wuchs Schnittlauch, den wir morgens vor dem Frühstück pflückten. Später durfte ich dort alleine mit einer Freundin Urlaub machen. Ich habe sein Haus auf dem Land sehr geliebt.

Bernie Gould hieß mit Nachnamen eigentlich Goldmann – so wie wir. Aber in England wurde sein Name geändert, wahrscheinlich, damit er weniger jüdisch klang. Als Sechzehnjährige fand ich, dass Bernie ein

Feigling war. Ich sagte ihm, er müsse zu seinem Judentum stehen und wieder unseren Familiennamen annehmen, alles andere sei Selbstverleugnung. Bernie versicherte mir, er denke ernsthaft darüber nach. Aber er blieb bei Gould.

Damals wusste ich nicht, dass Bernie ein Zeitzeuge war. Erst Anfang 1939 kam er zusammen mit seiner Mutter mit einem Kindertransport aus Berlin nach England. Bernies Vater Hans Goldmann, der Compagnon meines Großvaters in der Ballschuhfabrik, hatte die jüdische Mutter seines Sohnes verlassen und in zweiter Ehe eine Nichtjüdin geheiratet. Die wiederum wies die Avancen eines SS-Mannes zurück und hielt Hans auch nach dem Inkrafttreten der „Nürnberger Gesetze" die Treue. Meinem Großonkel Hans und seiner zweiten Frau gelang es, nach Brasilien auszuwandern; dort leben ihre Kinder und Enkel. Bernie blieb bei seiner Mutter in London.

Erst als ich weit über 30 war, erzählten mir meine Eltern, dass der Cousin meines Vaters die *Kristallnacht* in Berlin miterlebt hat. Als es mir endlich einfiel, ihn danach zu fragen, war Bernie schon tot. Ich habe es versäumt, mit dem Zeitzeugen unserer Familie zu sprechen, aber vielleicht hätte er mir auch nichts erzählt. Meine Eltern sagten, Bernie habe nie gerne darüber geredet. Mit niemandem. Auch nicht mit seinen Kindern.

Paul Celan hat die *Kristallnacht* beschrieben: Der Dichter reiste als junger Mann am 9. und 10. November 1938 mit dem Zug von Krakau über Berlin nach Frankreich, um dort sein Studium anzutreten. Später schrieb er über diese Reise: „am Anhalter Bahnhof floß deinen Blicken ein Rauch zu, / der war schon von morgen".

Manches im Leben versteht man vielleicht erst spät. Wie den 9. November. Wie konnte ich Bernie verurteilen, weil er seinen Namen geändert hatte? Konnte ich nachfühlen, welche Angst er gehabt hatte? Hatte ich gesehen, was er sehen musste?

In meiner Kindheit war *Kristallnacht* für mich ein Lied von BAP. Den Text verstand ich nicht einmal zur Hälfte. Die Musik mochte ich, aber wenn der Song im Radio gespielt wurde, war es mir unangenehm. Im Fernsehen gab es am 9. November Reden. Dass an diesem Tag Synagogen zerstört worden waren, konnte ich mir nicht wirklich vorstellen. Beten gehörte nicht zu unserem Alltag, nur wenige Male waren wir in der Stuttgarter Synagoge. In Ulm gab es damals keine Synagoge. Sie war am 9. November 1938 zerstört worden.

***

Im Dezember 2018 fahren wir nach Ulm, um den Grabstein zu setzen: Die erste Jahrzeit meines Vaters. Der Stein wird auf den Tag genau fertig. Nur der letzte hebräische Buchstabe von Goldmann, das *Nun Sofit,* wurde mit einem *Zajin* verwechselt. Wenige Wochen später werden die vergoldeten Buchstaben ausgetauscht. Wir legen zur Erinnerung an meinen Vater kleine Steine auf die Grabplatte. Die Plastiktüte mit den Steinen, die übriggeblieben sind, habe ich mitgenommen, sie liegt seit der Grabsteinsetzung auf meiner Kommode in Berlin. Die erste Jahrzeit. Ist die Trauer jetzt zu Ende?

***

An Weihnachten miete ich ein Zimmer in Haifa und fliege für ein paar Tage alleine nach Israel. Ich besuche die Siedlung Neve Shaanan, in der mein Vater aufgewachsen ist. Heute ist das Viertel völlig mit Haifa zusammengewachsen. Ich stehe vor der Filiale der Bank Leumi hinter dem Eukalyptusbaum an der Straßenecke Gilboa/Scholem Aleichem. An der Stelle, an die wir oft mit der ganzen Familie gepilgert sind. Dort, wo früher das kleine Haus mit dem *Makolet* der Familie Goldmann stand. Das Lebensmittelgeschäft, das Mottel und Ides nach ihrer Flucht aus Europa mit Hilfe ihrer Kinder – vor allem meines Vaters – betrieben.

Auf dem Laptop habe ich die Tonbandaufnahme des Interviews gespeichert, das Omry an Chanukka 2014 in Ulm mit meinem Vater geführt hat. Aber es ist mir unheimlich, allein in dem gemieteten Zimmer mit der Dachterrasse in der Masada-Straße zu sitzen und seine Stimme zu hören. Ich treffe lieber meine Cousins und Cousinen, wir gehen in arabischen Restaurants essen, genießen die Weihnachtsatmosphäre in Haifa, ich mache lange Spaziergänge am Strand in der Sonne. Beim Abtippen des vierstündigen Interviews schaffe ich es nur bis Minute 23. Ich denke: Mein Vater hätte mir keine Vorwürfe gemacht. Er hätte gesagt: „Genieß das Leben. Mach dir doch meinetwegen keinen Stress."

***

Im Januar 2019 erinnere ich mich in Berlin daran, dass mir Stephan Lehnstaedt von einer Liste erzählt hat. Darauf sollen tausende Namen von Menschen stehen, die nach Treblinka deportiert wurden. Ich will keine Verwandten vor Augen haben, die mit Gewalt in einen Zug gezwungen wurden. Aber vielleicht kann jemand anderes für mich suchen? Ich wende mich an das Jüdische Historische Institut (JHI) in Warschau.

Im Ringelblum-Archiv findet die Historikerin Katarzyna Person nicht, wonach ich suche. Aber sie antwortet mir: „Ich habe die Deportationsliste gecheckt, die *The Memory of Treblinka Foundation* erstellt hat. Da scheint es einige wenige Goldmanns zu geben. Könnte einer von ihnen ein Verwandter sein?" Ich gebe die Namen auf der Website ein und bin erleichtert: Ich finde weder Sonia noch Schai. Aber ich weiß auch, dass das nichts bedeutet: In Treblinka wurden 900.000 Menschen ermordet, nur 67 überlebten das Vernichtungslager. Wer nicht auf der Liste steht, kann trotzdem dort gewesen sein.

***

Der Kontakt zum Jüdischen Historischen Institut hat mein Interesse an einer Sondervorführung der Internationalen Filmfestspiele Berlin geweckt: An einem Sonntagabend im Februar 2019 läuft der Film *Who Will Write Our History* über das Untergrundarchiv *Oyneg Shabes* („Freude am Schabbat"). Der Film wurde am 27. Januar, dem Internationalen Holocaust-Gedenktag, weltweit gezeigt. Bei der Berlinale sehe ich ihn zum ersten Mal.

Ein Film über die Kraft des Schreibens. Eine Gruppe von Intellektuellen im Warschauer Ghetto leistet Widerstand. Nicht mit der Waffe. Mit Stift und Papier. Sie dokumentieren, was sie sehen. Sie sammeln Plakate, Konzertankündigungen, Geschichten aus dem Alltag eines zum

Untergang verurteilten Volkes. Als im Sommer 1942 die *Große Aktion* im Ghetto beginnt, machen sie ihr Testament.

Der Film zitiert das Vermächtnis des Lehrers Izrael Lichtenstzajn, ein enger Mitarbeiter von Emanuel Ringelblum: „Ich möchte, dass man sich an meine Frau erinnert, Gela Seksztajn. Sie hat in den Kriegsjahren als Erzieherin und Lehrerin mit Kindern gearbeitet, hat für das Kindertheater Bühnenbilder, Kostüme gemacht ... beide bereiten wir uns darauf vor, zusammenzukommen und den Tod zu empfangen. Ich möchte, dass man sich an meine kleine Tochter erinnert. Margalit ist heute 20 Monate alt. Sie beherrscht die jiddische Sprache vollkommen und spricht sie perfekt. [...] Auch sie verdient es, in Erinnerung zu bleiben." Ein anderer Chronist des Untergrundarchivs *Oyneg Shabes* ist erst 19 Jahre alt, als er seinen letzten Willen zu Papier bringt. Er schreibt: „Ich möchte erinnert werden."

In einer nachgestellten Szene sieht man einen verlassenen Hinterhof. Durch die Luft fliegen Schneeflocken. Aber es ist Sommer. Der Schnee besteht aus weißen Federn – aus Bettdecken von Menschen, die deportiert wurden. Mitten im Hof liegt ein Fotoalbum, aufgeschlagen. Es hätte unseres sein können, aber falls es meiner Familie gehört haben sollte, ist es genauso verschwunden wie die Menschen, die auf den Bildern zu sehen sind. Rachela Auerbach von *Oyneg Shabes* geht durch den Hof. Aus dem Off wird aus ihrem Tagebuch zitiert: „Wer das Weinen der Gegenstände ermordeter Menschen nicht gesehen hat, der hat in seinem Leben nichts Trauriges gesehen."

Der Film zeigt Aufnahmen aus den Wochen der Großen Aktion im Warschauer Ghetto. Ab dem 22. Juli 1942 wurden jeden Tag 6.000 bis 7.000 Menschen nach Treblinka deportiert. Ohne Listen, die Deutschen und der Jüdische Ordnungsdienst, die Ghettopolizei, holten sie wahllos aus den Häusern. Viele der jüdischen Polizisten waren, wie Zeitzeugen beschrieben haben, brutal und korrupt, aber ihr Einsatz war nicht freiwillig. Emanuel Ringelblum hielt fest, dass im August 1942 jeder Ghettopolizist pro Tag fünf Menschen zum Umschlagplatz bringen musste, ansonsten wären er und seine Familie sofort ermordet worden. Den meisten nützte ihre Arbeit bei der Ghettopolizei nichts. Sie wurden einige Monate später ermordet. Wie Janinas Vater Marek Dawidowicz, der wahrscheinlich in Majdanek getötet wurde.

Vielleicht hätte es eine Liste gegeben, auf der meine Familie gestanden hätte, wenn Adam Czerniaków, der Chef des *Judenrats* in Warschau, im Sommer 1942 der Forderung der Deutschen nachgekommen wäre, eine Liste von 6.000 Kindern zusammenzustellen. Aber Czerniaków, der lange mit den Besatzern kooperiert hatte in dem Glauben, das Schlimmste zu verhindern, weigerte sich diesmal. Er nahm Zyankali. Am 23. Juli 1942 fand man ihn tot in seinem Arbeitszimmer. In seinen Abschiedsbriefen schrieb er: „Sie verlangen von mir, mit eigenen Händen die Kinder meines Volkes umzubringen. Es bleibt mir nichts Anderes übrig, als zu sterben" und „Ich bin machtlos, mir bricht das Herz vor Trauer und Mitleid, länger kann ich das nicht ertragen. Meine Tat wird alle die Wahrheit erkennen lassen und vielleicht auf den rechten Weg des Handelns bringen. Ich bin mir bewußt, daß ich Euch ein schweres Erbe hinterlasse."

***

Ich will niemanden finden, aber ich kann nicht aufhören zu suchen: Anfang April 2019 fahre ich mit meiner Freundin S. nach Warschau. Auf dem Weg vom Bahnhof Warszawa Centralna in die Altstadt besichtigen wir ein Stück der Ghettomauer, eines der wenigen, das die totale Zerstörung Warschaus durch die Deutschen überstanden hat. Ratten, Hunger, Elend, Typhus, 20 Menschen, die in einem Zimmer schlafen: Alles steht uns vor Augen.

Wir besuchen das Polin-Museum, tauchen ein in die reiche Geschichte des untergegangenen polnischen Judentums. In einem Raum werden Forschungen des *YIVO (Yidisher visnshaftlekher institut)* präsentiert – des 1925 in Wilna gegründeten Instituts zur Kulturgeschichte des osteuropäischen Judentums. Zu meiner Überraschung entdecke ich eine Wandillustration: Einen in schwungvollen Buchstaben geschriebenen Abzählreim, der mit „En ten tina" beginnt. Mein Vater sprach es „En den Dino" aus. Er hat uns den Reim oft vorgesagt, als wir Kinder waren. Besonders liebte er den Schluss: „Elek, melek, bom."

Kunstwörter, sie ergeben keinen Sinn. Ides brachte sie zusammen mit ihren Kindern aus Warschau nach Berlin, sie reisten mit auf dem Schiff von Triest nach Haifa, mein Vater brachte sie wieder zurück nach Deutschland, wir haben die Wörter nie verstanden, und jetzt sind sie Kulturerbe in einem Museum.

***

Am nächsten Tag sind wir in der ul. Tłomackie im Jüdischen Historischen Institut. Wir sehen uns die Dauerausstellung zum Ringelblum-Archiv an. Was ich dort lesen würde, habe ich nicht geahnt. Denn ich habe gesucht, aber ich wollte nicht finden.

Ich war schon einmal in Warschau, 2006, eine Journalistenreise. Ich bin nach Praga gefahren, auf die andere Seite der Weichsel. Meine Tante Esther hatte mir die Hausnummer der Straße genannt, in der meine Großeltern Anfang der 1920er-Jahre mit ihren ersten beiden Kindern gewohnt hatten. Das Haus war düster, die Gegend heruntergekommen. Es war Januar und sehr kalt. Ich habe Fotos vom Haus gemacht. Sogar von der Wohnungstür. Geklingelt habe ich nicht. Ich wollte die Mieter nicht erschrecken. Inzwischen habe ich den Namen der Straße vergessen. Darüber, ob auch meine Großtanten und Großonkel in Praga lebten, bis sie zum Umzug ins Ghetto gezwungen wurden, habe ich nicht nachgedacht. Auch nicht, als ich in Muranów vor dem Denkmal für Mordechai Anielewicz stand, dem Anführer des Ghettoaufstands.

Jetzt, ohne es zu wollen, überschlage ich Zahlen. 300.000 von 450.000 Juden, zwei Drittel der Ghettobewohner, wurden während der *Aktion Reinhardt* nach Treblinka deportiert. Wir wissen von zehn Familienmitgliedern und drei Ehepartnern der Agajster-Geschwister (Schmuel, David und Dina), die in Warschau lebten. Tauba Agajster starb an der Grippe. Bleiben zwölf. Zwei von drei Insassen des Warschauer Ghettos wurden deportiert. Statistisch acht Menschen aus unserer Familie, von denen es – außer von Sonia Goldmann – keine Fotografie gibt.

Ich stehe in der Ausstellung des Ringelblum-Archivs und wähne mich immer noch geschützt: So lange ich kein Bild vor Augen habe, kann mich niemand heimsuchen, kein Mensch aus Fleisch und Blut. Dann sehe ich in einer Vitrine den Bericht eines Zeitzeugen.

Zuerst sind es nur hebräische Buchstaben, eine Handschrift, geschrieben von rechts nach links, aber es ist nicht Hebräisch. Ich bin nicht gewöhnt, Jiddisch zu lesen; ich muss auf die englische Übersetzung schauen. Der Zeitzeuge konnte als einer der Wenigen aus Treblinka fliehen, gelangte heimlich zurück nach Warschau und schrieb in seinem Bericht *A mentsh iz antlofn fun Treblinki* auf, was er gesehen hatte.

Abraham Krzepicki war einer der wichtigsten Chronisten des Ringelblum-Archivs. Er starb vermutlich im April 1943 beim Aufstand im Warschauer Ghetto. In einer im Erdboden vergrabenen Milchkanne – auch sie ist im Jüdischen Historischen Institut ausgestellt – fanden sich nach dem Krieg mehrere von ihm gefüllte Hefte. Krzepicki schildert die lautstarke Empörung einer jungen Frau, die im Spätsommer 1942 bei der Ankunft in Treblinka nicht fassen konnte, dass ihr Tod besiegelt war, bevor sie sich ausziehen musste. Dann beschreibt er, wie sich *eltere Froyen* verhielten – die einzigen beiden Worte, die ich auf Jiddisch entziffern kann.

Die älteren Frauen waren ruhiger. Einige versuchten, Trost in Gott zu finden, und bereiteten sich darauf vor, mit Gottes Namen auf ihren Lippen zu sterben. Andere beteten um ein Wunder, für eine Rettung in letzter Minute, während andere alle Hoffnung aufge-

geben hatten. Ich sah eine große Frau mit einer traditionellen Perücke, die mit erhobenen Armen dastand, wie ein Baal Kore (Vorbeter) bei seinem Vortrag. Hinter ihr hatte sich eine Gruppe von Frauen versammelt, die ihre Arme erhoben und nach der großen Frau Wort für Wort wiederholten: „Schma Israel Adonai eloheinu, Adonai echad!", schrie die Frau zu einer Jom-Kippur-Melodie, und streckte die Arme aus wie in Richtung einer Art von Himmel, zu dem Juden niemals emporsehen, wenn sie ihre Gebete sprechen. „Gott, du Einer und Einziger Gott, nimm Rache an unseren Feinden für ihre Verbrechen. Wir sterben um der Heiligung Deines Namens willen. Lass unser Opfer nicht umsonst sein! Räche unser Blut und das Blut unserer Kinder; und lasst uns Amen sagen!" Dieses oder in etwa dieses schrie diese jüdische Frau mit lauter Stimme, und die anderen Frauen wiederholten es. Dann traten sie einige Schritte zurück, wie es üblich ist beim Abschluss des Achtzehnbittengebets.[1]

Die Szene steigt vor meinen Augen auf, als ich wieder in Berlin bin. Eine Filmsequenz, weniger als eine Minute. Die Frauen bewegen sich, ich schaue auf die Vorbeterin, sie sieht aus wie eine charedische Frau, die ich einmal in Jerusalem gesehen habe, breite Hüften von vielen Geburten, nachlässig gekleidet. Ich fühle mich wie jemand, der wie in einer Peepshow durch ein Guckloch sehen kann, ein Blick in die Geschichte. Ich sehe einen Film mit nackten Frauen.

---

1   Zitiert nach: Żydowski Instytut Historyczny/Jüdisches Historisches Institut Warschau, Archiwum Ringelbluma, Teil II/382. Die deutsche Fassung bei: Beer/Benz/Distel, Nach dem Untergang, S. 586 f.

Die Tonspur fehlt. Ich probiere, das *Schma Israel* auf die Melodie von *Awinu Malkenu* zu legen, ich versuche andere Melodien aus der Jom-Kippur-Liturgie. Ich finde keine, die passt, obwohl die Szene immer wieder in meinem Kopf abläuft.

In den Osterferien fahre ich nach Ulm. Im ehemaligen Arbeitszimmer meines Vaters kommt mir kurz vor dem Einschlafen ein Gedanke.

Die älteren Frauen.

Tauba Agajster war zum Zeitpunkt ihres Todes 57 Jahre alt. Sara Lea und Elka, ihre Schwestern, stehen im Familienstammbaum über Tauba. Sie müssen älter gewesen sein. Im Spätsommer 1942, als der Zeitzeuge die Szene in Treblinka beobachtete, waren sie Ende 50 oder in ihren Sechzigern. Ihre Eltern waren strenggläubig. Sie sprachen Jiddisch, wie der Chronist.

Sie waren *die älteren Frauen.*

Diejenigen, die beten wollten bis zuletzt. Sie glaubten, *Jom Ha-Din* sei gekommen, der Tag des Gerichts, und der Ewige besiegele ihr Schicksal wie an Jom Kippur. Sie konnten sich anders nicht erklären, was mit ihnen geschah. Sie sind in dem Film, den ich in meinem Kopf aus dem Material des Zeitzeugen gedreht habe. Ich weiß nicht, wie sie aussahen. Ich kann ihre Figuren und ihre Kleider nicht beschreiben. Aber sie sind an diesem Ort.

***

Ich bin eingesargt. Mein Gefängnis hat sechs Wände aus getäfeltem Holz, wie die schweren Türen in unserem Wohnzimmer in Berlin, die mich von allen Seiten einschließen.

Wenn niemand mich hört, werde ich lebendig begraben. Ich schreie, damit ich gerettet werde. Bis meine Mutter an meinem Bett steht und entsetzt fragt, was los ist, und dann schreie ich immer noch, bis ich merke, dass es ein Alptraum ist.

In den nächsten Wochen kämpfe ich mit mir selbst. Morgens um halb vier wache ich auf und sitze mit Tränen in den Augen im Bett. Mein Zyklus bricht zusammen, die Periode dauert drei Wochen. *Die ältere Frau.* In einem halben Jahr werde ich 50. Was habe ich noch zu erwarten? Mein Vater ist tot, sein Optimismus mit ihm begraben, die Menschheit unheilbar. Primo Levi schrieb: „Es ist geschehen, folglich kann es wieder geschehen." Ich kann den Gedanken nicht ertragen, mir helfen nur Hormone und viel Sport, ich will Warschau vergessen. Aber ich kann nicht ändern, dass meine Gedanken um Marek Dawidowicz kreisen, der seine einzige geliebte Tochter in einem Karren aus dem Ghetto schmuggeln konnte. Was wurde als Gegenleistung von ihm verlangt? Fünf Menschenopfer am Tag? Auch mein Vater hätte alles für seine Töchter getan. Wie kann ich an das Gute im Menschen glauben, wenn jeder zum Komplizen wird, sobald die eigene Familie bedroht ist?

Ich fasse einen Entschluss, an den ich mich nicht halten werde: Ich will nie wieder in die Synagoge gehen, schon gar nicht an Jom Kippur. Ich will mich nicht eingesperrt fühlen, will in der Liturgie nicht die Tonspur der letzten Gebete suchen. Mein Vater hat an Jom Kippur nie gefastet. Manchmal, wenn er mich während meines Studiums in Berlin besuchte, gingen wir zum *Kol Nidre* in die Synagoge am Fraenkelufer in Kreuzberg. Danach gingen wir ins Restaurant. Über das Leben sagte mein Vater: „Es hat keinen

Sinn. Aber man soll es genießen." Der größte Atheist der Familie hat mir Sätze über die Hohen Feiertage hinterlassen, die bis heute nachklingen.

In einem Gespräch mit ihm – ich war 30 – hinterfragte ich den Sinn des Lebens. Er sagte: „Deine Zeit ist noch nicht gekommen. An Rosch Haschana wurdest du ins Buch des Lebens eingeschrieben. Gesiegelt wird erst an Jom Kippur." Als ich ihm ein Jahr später erzählte, ich hätte ein schlechtes Gewissen, weil ich an Jom Kippur in Berlin einen Reporterjob angenommen hatte, anstatt in die Synagoge zu gehen und um Vergebung für meine Sünden zu bitten, lachte er nur und sagte: „Ich will dir mal ein Geheimnis verraten. Es wird dir sowieso verziehen."

***

Unser Freund Michael Raddatz, Superintendent der Evangelischen Kirche in Tempelhof-Schöneberg, hat mich zum Karfreitagsgottesdienst eingeladen. Der Trauertag der Christen und der 76. Jahrestag des Aufstands im Warschauer Ghetto fallen am 19. April 2019 zusammen. Der Gottesdienst in der Apostel-Paulus-Kirche ist ein Zeichen, und ich würde gerne zum christlich-jüdischen Dialog beitragen, aber noch immer habe ich den Film vor Augen, den der Zeitzeuge beschrieben hat. Die Frauen, die ihre Arme nach oben reckten, dorthin, wo sie Gott vermuteten.

Ich gehe nicht zum Karfreitagsgottesdienst. Der Gedanke an die letzten Gebete ist zu quälend. Jeder nur ein Kreuz, am Abend beginnt Pessach, ich muss einen Sederabend mit 13 Gästen vorbereiten. Das Essen ist nicht fertig, nicht einmal das *Charosset*. Und ständig bin ich kurz davor, in Tränen auszubrechen. Das soll in der Kirche keiner sehen.

Einer, der an Gott verzweifelte, der Dichter Paul Celan, schrieb in *Tenebrae*: „Nah sind wir, Herr, nahe und greifbar / Gegriffen schon, Herr, ineinander verkrallt, als wär / der Leib eines jeden von uns dein Leib, Herr". Celan, das habe ich als Teenagerin, die für den toten Dichter schwärmte, in einer Gedichtinterpretation gelesen, schrieb den deutschen Text für *Nacht und Nebel* von Alain Resnais. Ich habe den Film nie gesehen. Aber ich weiß seitdem, dass die Kamera über die Decke einer ehemaligen Gaskammer schwenkt, in der die Kratzspuren von Fingernägeln zu sehen sind.

Der Gottesdienst wird im Deutschlandfunk übertragen. Um 10 Uhr morgens stehe ich in der Küche und schalte das Radio ein. „Dieser Karfreitag trifft auf einen besonderen Gedenktag: Am 19. April 1943 begann der Aufstand im Warschauer Ghetto. Er endete in Tod und Vernichtung. Heute – 76 Jahre später, gedenken wir gemeinsam. Hören den verzweifelten Ruf Jesu am Kreuz *Mein Gott, mein Gott, warum hast du mich verlassen!* Wir hören eine verzweifelte Stimme aus dem Ghetto" – so wird der Gottesdienst angekündigt. Dazu erklingt eine Klarinette.

Ich bin schockiert: Schoa und Kreuzigung? Wollen sie zwei Narrative zu einem machen? Mit Klezmer? Was habe ich davon, mir das anzuhören? Mein Abend muss fröhlicher werden als ich, noch neun Stunden bis zum Seder. Ich denke an die Pessachgäste, zähle Teller und schäle Äpfel für das Charosset. Die Paste aus Äpfeln und Nüssen in Erinnerung an unsere Sklaverei in Ägypten.

„Meine Teuren. Bevor ich von dieser Welt gehe, will ich euch, meine Liebsten, einige Zeilen hinterlassen", zitiert eine Sprecherin aus einem Brief, den die jüdische Pianistin Salomea Ochs Luft am 7. April 1943 im Warschauer Ghetto schrieb, drei Tage vor ihrer Deportation. Es ist eine Stimme aus dem *Restghetto*. Salomea, eine der Letzten, die nach der *Großen Aktion* noch übrig waren, hatte ihren Tod schon vor Augen.

„Unser Ende naht. Man spürt es. Man weiß es. Wir sind alle, wie die schon hingerichteten, unschuldigen, wehrlosen Juden zum Tode verurteilt. Der kleine Rest, der seit den Massenmorden noch zurückgeblieben ist, kommt in der allernächsten Zeit, Tage oder Wochen, an die Reihe." Der Brief, den die Sprecherin in der Kirche vorliest, kommt aus einer Welt, die es nicht mehr gibt, aus den schon fast menschenleeren Straßenzügen von Muranów. Vor zwei Wochen habe ich bei meinem Besuch in Warschau eine Karte gekauft, in der die Straßen des Ghettos über den Straßen von heute eingezeichnet sind. Polnische Häuser aus der Nachkriegszeit stehen dort, wo einst das von Deutschen in Schutt und Asche gebombte jüdische Viertel lag: Muranów, wo Unvorstellbares geschah.

„Nein, ihr werdet es nie begreifen können, nie mitfühlen, was wir erlebt haben. Das kann kein normal denkender Mensch glauben, dass solche Martereien zu ertragen sind, dass man im 20. Jahrhundert solche Gräueltaten erleben kann", schreibt Salomea Ochs Luft. Und die Sprecherin in der Kirche schließt mit Salomeas Worten: „Lebet wohl, lasst es euch recht gut gehen, und wenn ihr könnt, dann nehmet einst Rache!"

Bei den ersten Klarinettentönen ist mein Blick zum Aus-Knopf gewandert. Aber was ich jetzt im Radio höre, ist kein gewöhnlicher Klezmer. In der Apostel-Paulus-Kirche steht Salomeas Großneffe, der Klarinettist Nur Ben Schalom aus Israel. Er spielt Kompositionen von ermordeten jüdischen Musikern. Die Melodien sind anders als die, die ich kenne. Sie sind herzzerreißend. In ihrer Predigt interpretiert die Pfarrerin der Apostel-Paulus-Kirche Salomeas Aufruf zur Rache als Forderung nach Gerechtigkeit – und das Schweigen von Christen zur Schoa als Verrat am Juden Jesus. Sie sind an ihre Schmerzgrenze gegangen, ich höre es an ihren Worten. Mehr kann man von Theologen nicht erwarten.

Um viertel vor elf schalte ich das Radio aus. Ich will ins Fitnessstudio, lieber den jüdischen Bizeps stärken als noch mehr Tränen vergießen. Später wird in einem Kirchenvideo von der „Transformation der Rache" die Rede sein, die durch den Gottesdienst vielleicht möglich geworden sei. Aber mich lässt der Neid der Ungläubigen auf die Gläubigen, auf die Christen auch beim Training nicht zur Ruhe kommen. Wie schön für sie! Die Kreuzigung hatte Sinn, ihr Erlöser durfte auferstehen, schon am Ostersonntag feiern sie das neue Leben!

Und unser unsichtbarer Gott? Sara Lea und Elka, mit Motorengas erstickt – ihr Sterben dauerte bis zu 25 Minuten –, wurden in Massengräber geworfen. Als die Rote Armee näher rückte, wollten die Mörder die Spuren verwischen. Sie ließen die geschändeten Leichen wieder aus den Gräbern ausheben. Aber es gab keine Krematorien in den Vernichtungslagern der *Aktion Reinhardt*. Die Scheiterhaufen waren nicht heiß genug, die Knochen zerfielen nicht zu Asche. Sie wurden auf Rosten zerstoßen und zermahlen; die Reste, das Knochenmehl, über die Felder verstreut und mit Erde bedeckt.

Wenn einst die Toten auferstehen, können Sara Lea und Elka, ginge es strikt nach unserem Glauben, nicht an der Kommenden Welt teilhaben: Ihre Körper wurden nicht im Ganzen beerdigt. Der Prophet Jecheskel sagt: „Ich, Gott, der Herr, öffne eure Gräber und hole euch heraus, denn ihr seid doch mein Volk! Ich bringe euch heim ins Land Israel." Aber es gibt keine „vertrockneten Knochen", die wieder lebendig werden können. Nicht einmal das. Wo bleibt die Gerechtigkeit?

Auch unsere Theologen finden keine Antworten. Die Opfer der Schoa, so hat es mir ein orthodoxer Rabbiner erklärt, dürften nicht dafür bestraft werden, dass sie nicht im Ganzen begraben wurden, wie die *Halacha* es vorschreibt. Der Ausschluss aus der Kommenden Welt gilt nur für Menschen, die sich freiwillig für eine Feuerbestattung entscheiden. Das ist beruhigend. Für alle, die an die Kommende Welt glauben.

Mein Mann tröstet mich, als ich ihm von meinen schweren Gedanken erzähle. „Hast du keine anderen Sorgen?", fragt er. „Ich bin nicht sicher, ob es eine Auferstehung der Toten gibt. Vielleicht doch, das können wir nicht wissen. Und dann wird derjenige, der das Ganze organisiert, auch die Knochen wieder zusammenfügen."

***

Der Sommer ist zu Ende. Ich war in Südtirol, zwei Wochen offline, ohne Computer, ohne Smartphone. Ich bin erholt. Der Alptraum, der Film mit den Frauen ist verblasst. Jetzt treffe ich mich in Moabit mit E., die eine Freundin werden wird, zum Mittagessen. Ich wollte nicht über das Buch reden, mein aufgegebenes Projekt, aber auf einmal liegt es – noch unsichtbar – auf dem Tisch. „Mir fehlen Details, ich könnte in Archiven weitersuchen", sage ich: „Vielleicht finde ich wieder eine Spur. Aber ich will nicht wieder nach Warschau fahren. Ich habe mich gerade erst davon erholt."

Ich erzähle und frage weiter: „Dieses Buch ist ein Auftrag, mein Vater wollte immer, dass ich über ihn schreibe. Ich habe es nicht getan, als er noch lebte. Jetzt sagen meine Verwandten in Israel, sie würden sich über ein Buch über ihn freuen. Aber wer braucht außer uns noch eine jüdische Familiengeschichte, gibt es nicht genug davon? In Israel lassen viele ihre Erinnerungen von Biografen aufschreiben, mit Fotos und persönlichen Erinnerungen, nur für die eigene Familie. Reicht mir das? Und falls ich mehr will, ist es gut genug für ein Buch? Ich bin Journalistin, keine Schriftstellerin."

E. sagt: „Aber du hast eine Stimme, die niemand anders hat. Du musst nicht jedes Detail aus dem Leben deines Vaters rekonstruieren. Du musst auch nicht wieder nach Warschau fahren. Warum schreibst du nicht über dich? Warum schreibst du nicht über deine Gefühle?" Am selben Tag setze ich mich wieder an das Manuskript.

***

In den Herbstferien sind wir – wie im Sommer – in Südtirol. Ich bin wieder offline, aber diesmal habe ich den Laptop dabei. In unserer Ferienwohnung höre ich Omrys Interview mit meinem Vater ab. Vier Stunden Tonmaterial. Manchmal klingt seine Stimme undeutlich und verwaschen, aber ich erkenne die Geschichten, die ich so sehr geliebt habe, und bin erstaunt über andere, die ich in dieser Form noch nicht kannte. Mein Vater war ein guter Erzähler, und die Zeit hat für mich gearbeitet: Seit seinem Tod sind fast zwei Jahre vergangen. Jetzt kann ich an das Interview herangehen wie eine Rundfunkautorin, die Material sichtet und O-Töne schneidet. Ich merke, wie meine Kraft zurückkommt.

Ich übersetze und schreibe. Vielleicht ist das der Sinn meines Lebens. Ich werde, wie mein Vater, niemals glauben. Aber ich praktiziere am Schreibtisch.

***

Ich wollte nicht in die Synagoge gehen; ich war froh, dass Jom Kippur in die Herbstferien fällt. Am 9. Oktober 2019 machen wir einen Ausflug nach Bozen. Am Nachmittag sind wir wieder in unserer Ferienwohnung im Pflerschtal. Mein Mann schaut auf sein iPhone. Ein Attentäter hat versucht, in die Synagoge von Halle einzudringen, ausgerechnet an Jom Kippur, er hat zwei Menschen erschossen. Ich verfolge die Nachrichten nur so lange, bis die Amok-Lage beendet und der Mörder gefasst ist.

Dann bin ich wieder offline bis zum Ende der Ferien. Ich höre keine Nachrichten mehr, ich höre die Stimme meines Vaters, ich schreibe weiter, lasse mich nicht aus dem Konzept bringen. Bis heute bin ich überzeugt davon, dass der Anschlag von Halle kein Grund für mich sein wird, mein Land zu verlassen. Und ich glaube, dass mein Vater mir zugestimmt hätte – er, der als knapp dreijähriger jüdischer Junge im September 1938 das Glück hatte, aus Europa entkommen zu können.

NEVE
SHAANAN

Die Aufnahme läuft, ich höre die Geschichte von der Überfahrt: Das Erste, was mein Vater aus seiner frühen Kindheit
erinnerte, war die Schiffsreise nach Palästina.

*Wir sind 1938 mit einem Zug von Berlin nach Triest
gefahren, dort hat das Schiff abgelegt. Ich erinnere
mich, dass ich entweder im Zug oder auf dem Schiff
in der oberen Etage geschlafen habe. In einer Art
Koje, vielleicht in der fünften Klasse (lacht ...) Wir sind
an Rosch Haschana 1938 an Land gegangen. Warum
weiß ich das? Weil der Hafen in Haifa am jüdischen
Neujahrsfest geschlossen war, aber die Engländer
fanden ein Schiff voller Juden zu gefährlich, und sie
haben alle angewiesen, das Schiff zu verlassen. Mein
Vater und meine Mutter haben ein Taxi genommen
und der Taxifahrer hat sie reingelegt und ein paar
Runden von der Ir Tachtit (Unterstadt) bis Hadar
Hair gedreht, die Fahrt dauerte fast eine Stunde. An
der Ecke Balfourstraße/Herzlstraße haben wir zufällig Esther und Rudi getroffen. Rudi schaute uns an
und sagte zu Esther: „Schau mal, da laufen zwei Leute*

auf der Straße, der eine sieht aus wie dein Vater, und
die sieht aus wie deine Mutter. Die sind mit sechs
Kindern unterwegs!" So haben meine Schwester und
ihr Mann erfahren, dass wir im Land sind.

Ein Jahr lebten meine Großeltern in Tel Aviv, dann kehrten sie zurück nach Haifa. Genauer gesagt, sie zogen nach Neve Shaanan, eine kleine Siedlung auf einem der Hügel des Karmelgebirges, einige Kilometer von Haifa entfernt. Über *Neve Shaanan*, ein Begriff aus der Hebräischen Bibel, heißt es in der revidierten Luther-Übersetzung der *Biblia Hebraica*: „Deine Augen werden Jerusalem sehen, eine sichere Wohnung" (Jeschajahu 33,22). In anderen Übersetzungen wird Neve Shaanan als „sorgenfreie Wohnstätte", „sorgenfreie Aue" oder „friedlicher Wohnort" bezeichnet.

Um einen solchen Ort zu schaffen, hatten jüdische Einwanderer aus Europa, die meisten von ihnen Mittelständler, von palästinensischen Arabern Boden gekauft und 1922 Neve Shaanan gegründet. Zunächst wurde das Wasser mit Eimern in das neue Dorf auf dem Berg geschafft. 1925 entstand ein Wasserturm, 1926 wurde eine asphaltierte Straße nach Haifa gebaut, 1930 erhielt die Siedlung einen Anschluss an das Stromnetz des Landes. In den Dreißigerjahren wuchs Neve Shaanan weiter: 1926 zählte die Siedlung 600 Einwohner, 1938 schon 1.100 Menschen. Kurz bevor meine Großeltern mit dem Schiff in Haifa eintrafen, wurde im Oktober 1938 ein weiteres Viertel eingemeindet: Shechunat Ziv, die „Nachbarschaft des Lichts". Dort ließen sich Mottel und Ides mit ihren Kindern nieder.

Meine Eltern kauften das Haus in Shechunat Ziv in Neve Shaanan, ein Haus mit einem einzigen Wohnzimmer und zwei Läden – einem Fleischladen, wo nie Fleisch verkauft wurde, und einem Makolet (Lebensmittelgeschäft – wörtlich: „Alles drin"). Das Haus kostete 25 Lirot, das war damals viel Geld. Ein Sack Orangen kostete drei Groschen. Die Deutschen hatten meinem Vater etwas Geld gelassen, ich weiß nicht genau, warum, wegen Esthers guter Arbeit oder wegen Görings Frau. Mein Vater betrieb den Makolet, er arbeitete nicht mehr als Schuhmacher. In Israel liefen alle mit Sandalen herum, und niemand hatte Geld, Schuhe zu kaufen.

Im Laden lebten Mäuse, mein Großvater schaffte eine Katze an. Meine Cousine Dania erzählt, dass zum Schabbat manchmal Tauben geschlachtet wurden, die auf dem Dach wohnten, und dass meine Großmutter Ides eine wunderbare Köchin war, die keinen Ofen hatte, sondern auf einem *Primus* mit Gas kochte. Laut meinem Vater wurde jedem der sechs im Haushalt lebenden Kinder ein „Viertel" zugeteilt, auch wenn es nur ein einziges Huhn für die Familie am Freitagabend gab. Irgendwann merkte er, dass die Rechnung nie stimmte. Beide, mein Vater und Dania, erzählten, dass Ides mit einem Messer *Assimonim*, Telefonmünzen, aus dem öffentlichen Telefonapparat vor dem Haus stocherte und sie in ihrem Büstenhalter versteckte.

Meinem Vater war das peinlich, aber er bewunderte auch die Geschäftstricks seiner Mutter. Freitags buk Ides wunderbare Kuchen und bot den Kundinnen im *Makolet* an, davon zu kosten. Wenn sie nach dem Rezept gefragt wurde, nannte sie den Hausfrauen falsche Mengen, ein Ei statt vier. Enttäuscht kamen die Frauen zurück, weil ihr Kuchen nicht aufgegangen war, und verlangten den Originalkuchen von Ides – von dem rein zufällig noch ein einziger unter dem Ladentisch zum Verkauf bereitstand, der letzte Kuchen für die ganz spezielle Kundin zum Schabbat.

Mein Großvater Mottel, erinnerte sich eine der Kundinnnen aus Haifa, ließ anschreiben, wenn jemand nicht sofort bezahlen konnte. „Das waren so gute Menschen!", sagte sie über die Betreiber des *Makolet*. Mottel wusste genau, was es bedeutete, wenn Kinder nicht genug zu essen hatten. Und die Methoden, mit denen er die Ernährung seiner vielköpfigen Familie sicherte, waren mitunter rabiat.

Mein Vater war sehr groß und stark, ein riesiger Schlob (Schrank). Unser Laden in Shechunat Ziv lag an der letzten Station von Bus Nummer 2 von Haifa nach Neve Shaanan. Das Gemüse wurde in Haifa in den Bus eingeladen und zu uns in den Laden gebracht.

Eines Tages haben die Busfahrer beschlossen, dass sie das nicht mehr machen wollen. Der Fahrer an diesem Tag hieß Moische Malzew, ich erinnere mich an ihn. Malzew hielt an unserer Haltestelle und lud das Gemüse nicht ab, und auch nicht das Lebben, man nannte es auch Lebbenia (Joghurt). Die ganze Ware blieb im Bus. Es war heiß, alles hätte verderben können. Mein Vater lief nach oben zur Haltestelle und fragte Malzew, der dort stand: „Warum hast du das Gemüse nicht ausgeladen?" Malzew sagte: „Ich bin doch nicht dein Träger." Mein Vater fragte: „Was

*bist du nicht?" Dann packte er ihn am Kragen und
fing an, auf ihn einzuschlagen. Man rief Arie, den
Polizisten, das war ein Jekke. Der pfiff auf seiner
Pfeife und rief immer wieder: „Aufhören!"*

Die Historiker Eli Nachmias und Yonatan Reznik haben
2014 auf Hebräisch eine Lokalgeschichte unter dem Titel
*90 Jahre Neve Shaanan – die Entstehung eines Viertels
von 1922–2012* herausgegeben. Darin berichten zwei Zeitzeugen: „Eine der mythologischen Gestalten des Viertels
war der Polizist Arie. Er hatte eine Pistole und war auf
einem Wachturm positioniert." Doch der bewaffnete jüdische Gesetzeshüter, der aus Deutschland stammte, machte
auf den Busfahrer Moische Malzew weniger Eindruck als
mein Großvater in seiner Wut.

*Omry Goldman: „Und seitdem hat Malzew deinem
Vater das Gemüse in den Laden gebracht?"
Shraga Goldmann: „Hatte er eine Wahl?"*

Mein Vater erinnerte sich nicht an Spielzeuge. Er hatte keine. Er erinnerte sich auch nicht an Geburtstagsgeschenke.
Die Eltern konnten es sich nicht leisten, ihre sieben Kinder
zu beschenken. Nur einmal merkte mein Vater als kleiner
Junge, dass seine Mutter für seinen Geburtstag Süßigkeiten
in einer Schublade sammelte. Aber als der 21. Dezember
kam, waren die Bonbons und die Schokolade verschwunden. Wie sich herausstellte, hatte seine Schwester Mirjam,
zwei Jahre älter als er, das Versteck entdeckt und alles
heimlich aufgegessen. Mein Vater hat auch als Erwachsener
nie großen Wert auf seinen Geburtstag gelegt – wie viele Ju-

den, die in religiösen Familien aufgewachsen sind. „Das ist mir nicht wichtig", hat er gesagt.

Wir wohnten in der Gilboa-Straße 36. Dort bin ich aufgewachsen, dort bin ich zur Volksschule gegangen. Ich kam 1941 in die Schule. Am Ende des Jahres, nach meinem sechsten Geburtstag am 21. Dezember, drei Monate nach Schulbeginn. Warum? Weil ich erst als Sechsjähriger das vierte schulpflichtige Kind der Familie war, und für das vierte Kind musste man kein Schulgeld bezahlen.

Mein Vater brauchte einige Monate, bis er die anderen Schüler eingeholt hatte und Lesen lernte. Seine Schulgeschichten handeln von überforderten Lehrern, Schülern, die im Klassenzimmer mit Butterbroten warfen, und ständigen Unterbrechungen beim Lernen, weil er für seine kranken Eltern im *Makolet* einspringen musste. 1943, als ihr jüngster Sohn acht Jahre alt war, erlitt Ides einen Schlaganfall und war seitdem halbseitig gelähmt.

Das Gesicht war etwas schief, sie hinkte und hatte Probleme mit einer Hand. Sie nahm die andere Hand zu Hilfe und zog sie nach. Wenn ich mit ihr spazieren ging, dauerten zwölf Meter eine halbe Stunde. Aber man sagte ihr, dass Spazierengehen ihr helfen würde, gesund zu werden.

Etwa zwei Jahre später begann ihr jüngster Sohn, Gott infrage zu stellen. An der Ecke Gilboa-/Schalom-Aleichem-Straße steht noch immer ein großer Eukalyptusbaum. Dort war zur Zeit des britischen Mandats über Palästina der Treffpunkt der Kinder aus der Nachbarschaft. Meine Cousine Dania hat mir im Dezember 2018 eine runde Stelle am Baumstamm gezeigt, die aussieht wie eine große Wunde. Bis heute quillt daraus Harz. Einst war dort ein breiter Zweig.

Dania mochte meinen Vater sehr – ihren Onkel, der nur acht Jahre älter war als sie selbst. Auch mein Vater liebte Dania. Als er noch ein Junge war, träumte er davon, sie zu heiraten. Damals ritt Dania auf dem Zweig des Eukalyptusbaums, er war ihr Pferd. Später wurde der Zweig abgeschnitten. Wahrscheinlich störte er den Straßenverkehr. Jahrzehnte darauf wurde ein Zweig an Danias eigener Familie abgerissen: Ihre jüngste Tochter, meine Großcousine Dana Rishpy, verschwand als israelische Touristin in Mexiko. Sie war 24 Jahre alt, als sie am 30. März 2007 einen Club in Tulum besuchte. In dieser Nacht wurde sie zum letzten Mal gesehen. Bis heute fehlt jede Spur von ihr.

Mein Vater saß als Kind unter dem Eukalyptusbaum in Haifa, zusammen mit zwei Jungen aus Ungarn, die kurz nach Kriegsende von der *Jewish Agency* nach Palästina gebracht wurden. Sie wuchsen bei einer Familie Deutsch in Neve Shaanan auf, in der Nähe des *Makolet*. Die beiden Kinder erzählten von Duschen, aus denen kein Wasser kam, sondern Gas. Von Eltern, die niemals wiederkamen, weil sie in Rauch aufgingen. Mein Vater konnte die Geschichte nicht glauben. Er fragte: „Habt ihr das wirklich gesehen?"

Nach seinem Tod wurde mir klar, dass es in dieser Erzählung einen Widerspruch gibt. Mein Vater erzählte, die Kinder seien in Auschwitz gewesen. Und dass sie von Rudolf Kasztner gerettet wurden, dem es im Auftrag der *Jewish*

Agency in Verhandlungen mit der SS gelungen war, über 1.600 ungarische Juden freizukaufen. Die Menschen sollten gegen Lastwagen ausgetauscht und aus Ungarn in die Schweiz gebracht werden.

Die SS hielt nicht Wort. Statt in der Schweiz kam der Zug mit den „Kasztner-Juden" im Juni 1944 in einem Konzentrationslager an – nicht in Auschwitz, sondern in Bergen-Belsen. Dort gab es keine Gaskammern. Die Juden im Zug waren über alle Details der industriellen Tötung informiert und hatten auf der Fahrt bis zuletzt panische Angst, dass sie in Auschwitz enden würden. Als der Zug in Bergen-Belsen eintraf, waren sie – angesichts der elenden Umstände in diesem Lager, in dem bis Kriegsende viele Menschen „von alleine" starben – keineswegs beruhigt. In den Duschen packte sie Todesangst. Sie rechneten bis zur letzten Minute, bis zur Befreiung des Lagers damit, ermordet zu werden.

Aber für meinen Vater machte es keinen Unterschied, ob die Kinder, die ihn über den Völkermord an den europäischen Juden aufklärten, in Auschwitz oder in Bergen-Belsen gewesen waren. Er hörte ihre Geschichte unter einem Baum, dessen Zweig abgeschnitten wurde, wie die Zweige an unserem Familienstammbaum. Der Eukalyptusbaum ist seitdem weitergewachsen, seine Krone überragt heute die Häuser der Gilboa-Straße. Aber die Wunde am Stamm ist immer noch sichtbar.

Ich hätte die Geschichte von den ungarischen Kindern auslassen können, aber mein Vater hat sie zu oft erzählt. Sie endete immer mit dem Satz: „Da war mir schon klar, dass mit dem lieben Gott irgendwas nicht stimmt."

Schon als Grundschulkind fiel ihm auf, dass mein Großvater hebräische Gebete herunterleierte, ohne die Worte zu verstehen. Mottels Aussprache und Betonung unterschieden sich vom Iwrit, das mein Vater in der Schule lernte. „Borekh ato", gelobt seist Du (Ewiger), sagte mein Großvater am Freitagabend in Neve Shaanan, wenn er den Weinbecher zum *Kiddusch* erhob. Sein heranwachsender Sohn Jaki, auf dem besten Weg, ein „echter Israeli" zu werden, fand die jiddische Intonation peinlich. „Fidel datto!" rief er – sinnlose Wörter, um seinen Vater zu ärgern –, und kassierte eine Ohrfeige.

In dieser Zeit sicherten britische Soldaten das Mandat über Palästina. Mein Vater und seine Freunde suchten ihre Gesellschaft. Bei den Briten gab es Dinge, die sie als jüdische Kinder nicht kannten.

Ich erinnere mich, dass die Hügel des Galil voller Soldaten waren, voller Zelte mit britischen Soldaten, Inder, Kanadier ... das war für uns interessant. Wir gingen dorthin, weil sie Tee mit Milch tranken. Die Briten waren nett zu uns Kindern. Sie schenkten uns Zigaretten. Meine erste Zigarette habe ich in der ersten Klasse geraucht.

Doch die Stimmung der jüdischen Bevölkerung gegen die Briten in Palästina wurde nach Kriegsende zunehmend feindlicher. Jaki verließ die Schule nach der 10. Klasse. Er schloss sich dem *Palmach* an, der Eliteeinheit der jüdischen Untergrundbewegung *Hagana*, und war 1945 an einem spektakulären Einsatz beteiligt. Das Kommando führte Jitzchak Rabin, der später Generalstabschef und Ministerpräsident Israels wurde. Leah Rabin, die Witwe des Politikers, schrieb in ihrem Buch *Ich gehe weiter auf seinem Weg – Erinnerungen an Jitzchak Rabin:*

Im Oktober 1945 nahm Jitzchak an einer äußerst riskanten Militäraktion [...] teil. Es handelte sich um ein Kommandounternehmen in Atlit, einer südlich von Haifa gelegenen kleinen Stadt am Mittelmeer. Dort waren in einem Lager zweihundert – nach britischer Auffassung ‚illegale‘ – Einwanderer interniert. Die Briten planten ihre baldige Deportation. Ein Aufgebot von etwa 250 Palmach-Kämpfern sollte die Flüchtlinge befreien und sie anschließend zu einem nahegelegenen Kibbuz transportieren; von dort aus sollten sie dann in den Untergrund geschleust werden. [...] Jitzchak bedeutete die Operation sehr viel, weil diese Menschen den Holocaust überlebt hatten, nur um erneut interniert zu werden – diesmal von den britischen Behörden. Die Rettungsaktion sollte in der Dunkelheit beginnen. Vertrauensleute im Lager hatten den Stacheldrahtzaun aufgeschnitten und die Schlagbolzen der arabischen Hilfstruppen zerbrochen, so dass die Waffen harmlos klickten, als die Palmach-Rebellen erschienen. Die erste Schwierigkeit lag darin, die Überlebenden so schnell wie möglich in die bereitstehenden Fluchtfahrzeuge zu schaffen. [...] Anschließend musste die Gruppe über den Berg Karmel geführt werden, wobei die Palmach-Kämpfer viele von ihnen, namentlich die Kinder, huckepack über den Berg trugen [...] Als sich die Briten anschickten, den Kibbuz, der als Zwischenstation vorgesehen war, zu durchsuchen, strömten Tausende von Juden aus Haifa herbei, um menschliche Barrikaden zu errichten und sich unter die Holocaustüberlebenden zu mischen, so dass die Briten außer-

stande waren, die befreiten Flüchtlinge aus der Menge auszusondern. Die Operation war ein durchschlagender Erfolg, denn die Briten gaben schließlich frustriert auf.

Mein Vater erzählte die Geschichte aus der Perspektive der Goldmann-Brüder.

Jaki war einer der wenigen beim Palmach, die Jiddisch konnten. Deshalb war er für die Teilnahme an der Aktion ausgewählt worden. Die Menschen im Flüchlingslager Atlit sprachen Polnisch und Jiddisch. Sie waren mit Schiffen über das Meer gekommen, durch die Hilfe von Maapilim (illegalen Flüchtlingshelfern), die sie aus Europa nach Palästina brachten.

Meine Mutter hatte einen guten Bekannten, den Drusen Ahsen, von dem sie Gemüse für den Makolet kaufte. Eines Tages war Ahsen sehr aufgebracht und sagte, er müsse ernsthaft mit meinem Vater reden, und als mein Vater kam, fragte Ahsen: „Warum hast du mir nicht erzählt, dass Jaki Offizier bei der britischen Armee ist?"

Die Geschichte war folgende: Jaki war als Offizier in einem Jeep mit zwei weiteren britischen Offizieren in Usufiya gesehen worden – ein drusisches Dorf im Karmelgebirge, in dem Ahsens Familie lebte. Bei der Befreiung von Atlit auf dem Weg in den Kibbuz Beit Oren, wohin die Flüchtlinge gebracht wurden, hatten zwei britische Jeeps die jüdischen Untergrundkämpfer verfolgt und auf sie geschossen. Die Soldaten des Palmach schossen zurück, töteten einen Briten und

*holten sich den Jeep und die Uniformen, die sie selbst
anzogen. Ich habe Jaki später danach gefragt, und er
sagte erstaunt: „Woher kennst du denn diese Geschichte?" Ich sagte: „Ahsen hat es uns erzählt."*

*Und Jaki erzählte: Das größte Problem bei der
Befreiung von Atlit war, dass die Flüchtlinge sich
nicht von ihren Koffern trennen wollten, bis man sie
endlich überzeugt hatte, dass sie später alles zurück-
bekommen würden.*

Einmal wurde Jaki von britischen Soldaten gefangenge-
nommen und in Rafiach bei Gaza interniert.

*Es saßen Hunderte im Gefängnis. Die Briten wussten
nicht, wer sie waren, weil viele Juden ihre Personal-
ausweise vernichtet hatten. Das war der Trick. Sie
wussten auch nicht, wer Jaki war. Sie haben dann
alle freigelassen, weil sie sahen, dass es ihnen nichts
brachte, sie festzuhalten. Jaki kam mit langen Haaren zurück. Und mein Vater hatte offenbar keine anderen Probleme, er befahl Jaki: „Geh sofort zu Mendel!"*

Der Untergrundkämpfer tat, was sein strenger Vater ihm
aufgetragen hatte. Jaki ließ sich bei Mendel, der einen Fri-
seursalon gleich neben dem Lebensmittelgeschäft der
Goldmanns betrieb, die Haare schneiden.

In der Grundschule Tel Chai in Neve Shaanan, die mein
Vater besuchte, nur einige Straßen vom *Makolet* seiner
Eltern entfernt, unterhielt die Hagana ein Waffenlager.
Noch heute ist es möglich, dort den *Slik* zu besichtigen,
den unterirdischen Hohlraum, in dem die Waffen auf-

bewahrt wurden. In einem kleinen Museum innerhalb der Schule sind die Gewehre und Patronen ausgestellt, die die *Hagana* dort bunkerte. Eine perfekte Tarnung: Die Briten kamen nicht auf die Idee, die Munition ausgerechnet in einer Schule zu suchen.

Zwischen Neve Shaanan und Haifa lagen arabische Dörfer, deren Bewohner 1948 aus ihren Häusern flohen oder durch Gewalttaten jüdischer Untergrundkämpfer vertrieben wurden. Mein Vater wurde als Zwölfjähriger zum Hüter eines Esels, der palästinensischen Arabern gehört hatte. Das verlassene Tier suchte jemanden, der sich um es kümmerte. Über seine früheren Besitzer sagte mein Vater einmal zu mir: „Sie sind einfach weggelaufen."

Die Wirklichkeit war weniger einfach. Nicht nur die rechtsterroristische *Ezel*-Bewegung, sondern auch die „guten" Kämpfer der *Hagana* versetzten die Palästinenser in Angst und Schrecken und machten sie zu Flüchtlingen. Mein Vater hat den Streit der Neuen israelischen Historiker um den 48er-Krieg verfolgt, er war für Frieden und Ausgleich. Aber er war widersprüchlich wie die Geschichte, und er war ein Teil von ihr. In einem seiner letzten Gespräche mit mir erinnerte er sich daran, dass es erst nach 1948 für ihn wieder möglich war, von Neve Shaanan mit dem Bus nach Haifa zu fahren, ohne Angriffe von Arabern zu befürchten. „Der Weg in die Bucht war offen", sagte er.

In den Fünfzigerjahren erkrankte mein Großvater an Krebs. Die finanzielle Situation der Familie wurde prekär. „Goldmann, steh auf und geh nach Hause. Dein Vater hat das Schulgeld nicht bezahlt", musste der jüngste Sohn sich anhören. Er tat so, als mache es ihm nichts aus, legte sich mit den Lehrern an, demonstrierte übergroßes Selbstbewusstsein. Weitere Zwangspausen gab es, weil mein Vater an Stelle seiner kranken Eltern im Laden Eier und Mehl verkaufen musste.

Mit 17 Jahren konnte er der Arbeit im *Makolet* für mehrere Monate entkommen, als er zu einer *Hachschara* von jungen Neueinwandern für die Arbeit in der Landwirtschaft, in den Kibbuz Beit Keshet ging. Begleitet wurde er von seinem Freund aus der Nachbarschaft, Amos Yaskil, dessen deutsch-jüdischer Vater Abraham Yaskil in Leipzig ein bekannter Maler gewesen war. In der Lokalchronik ist festgehalten, dass Abraham Yaskil 1945 – im selben Jahr, in dem auch ein Kino in Neve Shaanan eröffnet wurde – für sein Museum eine Finanzierung von zehn Lirot durch den Stadtrat gewährt wurde, weil es sich um „wertvolle Kulturarbeit" handelte.

Amos Yaskil, ein Autodidakt, wurde ebenfalls Maler. Der Künstler lebt seit 1960 in Tiberias und war mit seinen Ausstellungen häufig auch in Deutschland präsent. Mein Vater sei ein ausgezeichneter Torwart beim Fußballspiel gewesen, erinnert sich Amos Yaskil, Jahrgang 1935 wie sein Jugendfreund, in einem Gespräch mit mir am Telefon. Yaskil, mein Vater und ein weiterer Freund, Nathan (Amigo) Segman, waren als Jugendliche in Neve Shaanan ein unzertrennliches Trio. Sie machten Fahrradausflüge zum Beispiel nach Nesher, wanderten in den großen Ferien nach Daliat el-Karmel und Usufiya und trafen sich am Schabbat auf ein „Special-Eis" bei Kuperstein, ein Café oder eine Eisdiele gegenüber des Ladens meiner Großeltern.

„Das war eine echte Freundschaft, eine selbstverständliche Freundschaft", sagte Yaskil. „Wir wussten nicht einmal, dass wir Freunde waren. Aber wir haben es gefühlt."

Für beide sei die *Hachschara* ein Weg gewesen, den Problemen zu Hause zu entkommen. Die Jugendlichen klammerten aus, was sie belastete: „Ich hatte es nicht leicht zu Hause, und Shraga auch nicht. Aber wir wären nie auf die Idee gekommen, darüber zu reden." Als Kind sei er Kleptomane gewesen und habe regelmäßig im *Makolet* meiner Großeltern und in anderen Läden Schokolade gestohlen, erzählte mir der Künstler. „Ich nannte das den ‚Schokoladenpfad'." Aber als er als Jugendlicher meinem Vater seine Diebstähle beichtete, damit der Freund es nicht von anderen erfahren sollte, habe Shraga nur ganz ruhig gesagt: „Wir wussten das."

Amos Yaskil beschrieb meinen Vater als „ruhig, gutmütig, bescheiden, außerordentlich begabt". Im Rahmen ihrer Freundschaft habe seine Begabung keine Rolle gespielt: „Mein Gefühl ist, dass er sein ganzes Leben niemandem auf der Welt auch nur ein kleines bisschen geschadet hat." Und Yaskil erinnerte sich an die engen Wohnverhältnisse im Haus meiner Großeltern: „Shragas Bett stand neben dem Eingang des kleinen Hauses in Neve Shaanan. Er war Bettnässer, und sie hätten die Laken öfters wechseln sollen. Vielleicht zeigt das, welchen Stress und welche Stellung er innerhalb der Familie hatte. Er war sehr talentiert, aber das spielte keine Rolle, als er ein Kind war. Ich kann mich an ihn vor allem erinnern, wie er an der Theke im *Makolet* stand."

Doch mein Vater hatte Glück. Sein Bruder Jaki litt darunter, kein Abitur abgelegt zu haben wie die anderen Soldaten des Palmach, die er um ihren Bildungsvorsprung beneidete. Dem kleinen Bruder sollte es besser ergehen. Außerdem gab es Lehrer, die die Begabung meines Vaters erkannten.

Ich war Berufsschüler im Technion in Haifa, als mein Vater wieder krank wurde. Man holte mich aus der Schule, und ich arbeitete fast ein Jahr im Makolet. Dann wurde ich zur Armee einberufen, und wieder überredete mich Jaki, weiter zu lernen. Aber ich wollte keine Klasse wiederholen. Es waren Sommerferien, und ich hatte schon den Einberufungsbefehl. Ein Lehrer von mir, Friedman, sprach mit allen Kollegen und sagte mir: „In zwei Wochen gibt es Versetzungsprüfungen. Du kannst teilnehmen." Er gab mir einen riesigen Packen Bücher, und ich habe die Prüfung bestanden und konnte nach den Ferien die Abschlussklasse besuchen.

Aber an Pessach wurde mein Vater wieder krank, man brachte ihn nach Jerusalem ins Krankenhaus, und ich arbeitete wieder im Laden. Die Abschlussprüfungen rückten näher. Friedman kam zu mir nach Hause, brachte mir die Bücher und sagte: „Shraga, das ist alles, was du für die Prüfungen brauchst." Und ich habe zu Hause gelernt und auch die Abschlussprüfungen bestanden. Als man die Zeugnisse verteilte, konnte ich nicht dabei sein, weil mein Vater im Krankenhaus lag. Aber Friedman kam wieder zu mir nach Hause, etwa zwei Monate nach Ende der Sommerferien, und gab mir meine Abschlusszeugnisse.

Das Zeugnis der Technical High School von 1954 bescheinigte meinem Vater neben den Noten in Hebräisch („fast gut"), Englisch („fast gut"), Mathematik („gut"), und Sport („exzellent") auch den Abschluss einer Ausbildung als

Maschinenschlosser. In den meisten technischen Fächern waren seine Noten „befriedigend".

Mein Vater sagte: „Such dir eine Arbeit." Aber Jaki sagte: „Nein, du lernst weiter. Mach dir keine Sorgen, ich bezahle das." Ich ging zu meinem Vater und sagte: „Ich gehe nicht zu Chwolles. Ich will studieren." Mein Vater sagte: „Meschugge geworden? Willst du Professor werden?"

Mottel ging selbstverständlich davon aus, dass mein Vater – wie sein älterer Bruder Jaki – bei einem deutschen Juden namens Chwolles, einem Automechaniker in Haifa, arbeiten würde. Mehr konnte er sich für seine Söhne nicht vorstellen. Den Jüngsten liebte mein Großvater vielleicht mehr als alle anderen – das einzige seiner sieben Kinder, das er niemals schlug. Dass der Junge sich aber in den Kopf gesetzt hatte, Akademiker zu werden, ging über seinen Horizont. Niemand aus Mottels oder Ides' Familie hatte jemals eine Universität besucht.

Mein Vater musste fünf Jahre warten, bis sein Traum vom Studium in Erfüllung ging. Nach seinem Schulabschluss leistete er von 1954 bis 1957 seinen Wehrdienst bei der israelischen Armee. Im Suezkrieg 1956 wurde er als Funker eingesetzt. Allerdings kam er erst an die Front, als der Krieg schon so gut wie vorüber war. Seine Geschichten über die Armee zeugten von begrenztem Respekt für seine Vorgesetzten. Aschkenasische Juden machten sich mit Vorliebe über marokkanische Juden lustig, die als Vorgesetzte einen schweren Stand hatten. „Wir haben sie nicht ernst genommen", erzählte er. Ob es um das Graben von Löchern ging, aus denen die Aschkenasen sich anschießend weigerten, wieder herauszusteigen, oder um einen Waffenappell, bei dem kaschiert werden musste, dass einer der Rekruten sein Gewehr verloren hatte: Die aus Europa stammenden Soldaten hielten zusammen, und der sefardische Unteroffizier hatte wenig zu lachen.

Im Rahmen des *Nachal*, der „kämpfenden Pionierjugend", war mein Vater im Kibbuz Gadot eingesetzt, unterhalb der Golanhöhen in der Nähe des Jordan, nicht weit entfernt von der Grenze zwischen Israel und Syrien. In den Fünfziger- und Sechzigerjahren wurde der Kibbuz oft von der syrischen Armee beschossen.

Eines Tages gab es in der Armee einen Sportwettbewerb. Ich war ein guter Athlet, ich rannte 10,9 Sekunden auf 100 Meter und ich sprang 7,37 Meter weit. Ich sollte teilnehmen, aber man fand mich nicht. Die Militärpolizei kam nach Gadot, um mich festzunehmen, aber auch dort war ich nicht. Denn ich war im Makolet, weil mein Vater wieder krank geworden war. Ich wurde vor ein Armeegericht gestellt, weil ich mich unerlaubterweise aus dem Dienst entfernt hatte. Ich hätte wegen Desertion bis zu einem Jahr Militärgefängnis bekommen können. Ich habe das in Gadot erzählt, und dort sagte mir jemand: „Du musst dich an Jigal Alon wenden" (ein Vorgesetzter von Jaki im Palmach, der später General und israelischer Außenminister wurde). Ich fuhr nach Tel Aviv zu Jigal Alon. Er schaute mich an und sagte: „Sag nicht, dass du Goldmann heißt." Ich sagte: „Doch, ich heiße Shraga Goldmann." Er sagte: „Du siehst deinem Bruder ähn-

lich. *Mach dir keine Sorgen, ich bringe alles in Ordnung.*" Und er hat wirklich alles geregelt, und mir ist nichts passiert.

Nach dem Ende seines Wehrdienstes ging mein Vater zurück nach Gadot. 1957 wurde er reguläres Kibbuzmitglied. Auch als er schon in Deutschland lebte, reiste er regelmäßig zu Treffen mit den alten Freunden. Immer wieder erzählte er uns vom Leben im Kibbuz. Wie die Geschichte, dass in Gadot am Tag von Stalins Tod am 5. März 1953 nach einer Grundsatzdiskussion nicht getrauert, sondern gearbeitet worden sei. „Er war nicht unser Führer", sagte mein Vater dazu knapp.

Wir waren ein sehr armer Kibbuz. Arm und rebellisch. Einmal haben bei uns vier Paare auf einmal geheiratet. Was war unser Geschenk? Wir haben im Nachbarkibbuz Ayelet Hashachar Weintrauben geklaut. Der Wachmann, der dort patrouillierte, bemerkte uns und schrie: „Diebe! Diebe!" Wir schrien: „Itbach el-Yahud!" („Schlachtet die Juden!" auf Arabisch). Daraufhin verzog er sich. Um 12 Uhr mittags kam der Grenzschutz mit einem Jeep nach Gadot. Man brachte uns ins Gefängnis nach Rosh Pina. Da saßen wir einen halben Tag. Aber für die Hochzeit gab man uns frei.

1957 starb mein Großvater. Meine Großmutter war zu krank, um im Laden zu stehen. Rudi schlug vor, dass die drei Brüder Erich, Jaki und Shraga das Lebensmittelgeschäft weiterführen sollten. Doch Erich litt an den Folgen einer frühen Kinderlähmung, an der er noch in Warschau erkrankt war. Sein Bein war verkrüppelt, und in der Familie nannte man ihn den *Misken*, den „Armen". Seine Geschäftskünste waren berüchtigt, behauptete mein Vater: „Er hat immer teuer gekauft und billig verkauft." Einmal habe sich sein ältester Bruder sogar ein Auto ohne Motor andrehen lassen.

Auch Jaki kam nicht als Geschäftsführer des *Makolet* infrage: Er hatte schon Familie und machte das Abitur nach, weil er am Technion studieren wollte. Und mein Vater war 21 Jahre alt, und sein eigenes Leben hatte noch nicht begonnen. Das war das Ende des Lebensmittelgeschäfts der Familie Goldmann in der Gilboa-Straße 36 in Neve Shaanan.

Mein Vater besuchte seine Mutter regelmäßig in Haifa, blieb aber im Kibbuz. Er arbeitete auf dem Feld – später beeindruckte er seine Professoren in Hamburg bei einer Botanikprüfung mit seinen Kenntnissen der syrischen Kartoffel – und war als Hausmeister für die Zuteilung und Ausgabe von Kleidung, Seife und Zahnpasta an die Kibbuzmitglieder zuständig. In einem Sommer in den Fünfzigerjahren arbeitete er im Straßenbau. Er hasste diesen Job. „Es gibt nichts Schlimmeres, als in der Hitze Straßen zu asphaltieren", erzählte er mir. Er hatte eine Freundin. Sie hieß Dikla, verließ ihn und stürzte ihn in Liebeskummer. Er beschloss, Arzt zu werden und an der Hebräischen Universität Jerusalem zu studieren. Vielleicht, weil er jahrelang die Krankheiten seiner Eltern miterlebt hatte, den Diabetes seiner Mutter, den Krebs seines Vaters, ohne ihnen helfen zu können. Diese Vermutung hat auch Amos Yaskil. „Er wollte kämpfen, er wollte heilen", sagte er.

Der Kibbuz beurlaubte ihn offiziell für das Medizinstudium. Das war nicht selbstverständlich – nicht jedes

Kibbuzmitglied, das zur Universität wollte, erhielt eine Erlaubnis der Gemeinschaft. Ein Freund meines Vaters, der ebenfalls studieren wollte, wurde beschieden, er sei die nächsten zwei Jahre in der Wäscherei unabdingbar. Danach könne er einen neuen Antrag stellen.

Manche ehemaligen Kibbuzmitglieder, die später akademische Karriere machten, waren bis ins hohe Alter verbittert über die Steine, die ihnen in ihrer Jugend in den Weg gelegt worden waren. Sie begehrten auf, verließen den Kibbuz entgegen der offiziellen Beschlusslage und trauerten wegen des Bruchs mit der Gemeinschaft, an die sie so sehr geglaubt hatten. Eine Freundin meines Vaters erzählte immer wieder empört, wie sie als junge Frau alleine ihren schweren Koffer zum Bus in die Stadt tragen musste, weil kein Kibbuznik bereit war, der Abtrünnigen zu helfen. Sie hieß Rachel Hachlili und wurde Professorin für Archäologie an der Universität Haifa.

Mein Vater hatte mehr Glück: Er durfte gehen, ohne sich über Beschlüsse seiner Freundinnen und Freunde hinwegsetzen zu müssen. Bis zu seinem Tod blieb er offiziell beurlaubtes Kibbuzmitglied von Gadot. Doch auf dem Weg zur Immatrikulation taten sich weitere Hürden auf: Das Abschlusszeugnis der Berufsschule stellte sich als nicht vollwertiges Abiturzeugnis heraus.

Ich musste einige Abiturprüfungen nachmachen, auch in Hebräisch. Ich war nicht so begeistert davon, aber Jaki hat mich bestärkt und gesagt, mach das, lerne weiter. Ich bestand die Abiturprüfungen. Aber ich wurde nicht zum Medizinstudium in Jerusalem zugelassen.

Mein Vater hatte sich wochenlang vorbereitet. Aber bei der Aufnahmeprüfung für das Medizinstudium an der Hebräischen Universität Jerusalem fiel er durch.

Was mir fehlte, waren Kenntnisse in Mathematik. Ich habe gar nicht verstanden, was sie fragen. Dann habe ich beschlossen, ins Ausland zu gehen.

Seine älteste Schwester war es, die ihn auf die Idee brachte. „Du hast doch kein Geld", sagte sie. „England und die USA sind zu teuer. In Deutschland gibt es keine Studiengebühren."

Esther schrieb mehrere Universitäten in Deutschland, Österreich und der Schweiz an. Ich fragte: „Warum hast du ihnen geschrieben?" Sie sagte: „Unsere Mutter hat mich gebeten, dafür zu sorgen, dass du im Ausland studieren kannst."

Aber als seine Wahl auf Hamburg fiel, bekam Ides Zweifel an dem Plan.

„Und was ist mit der Gestapo?"

Mein Vater hatte im Jahr 1959 andere Sorgen. Zwischen Deutschland und Israel gab es keine diplomatischen Beziehungen. Erst sechs Jahre später, 1965, wurden sie aufgenommen.

Mein Hauptproblem war, dass ich kein Visum für Deutschland bekam. Damals gab es Schwierigkeiten für einen Israeli, nach Deutschland einzureisen. Rudi

hat mir geholfen, er hatte einen Freund, der bei Swiss-
air in Israel arbeitete. Er hat mir ein Flugticket nach
Zürich organisiert. Ich habe Telegramme an Universi-
täten in Deutschland geschickt, aber sie haben nicht
geantwortet. Etwas Geld hatte ich, das waren etwa
5.000 Mark Entschädigung für meine Ausweisung
1938 aus Deutschland, man nannte es „Ausbildungs-
schaden". Und von meiner Mutter habe ich alles Geld
in ausländischer Währung bekommen, was sie von
ihren Entschädigungszahlungen auf ihrem Bank-
konto nicht behalten durfte – wegen der Devisen-Be-
stimmungen, die damals in Israel galten.

Als sich mein Vater im Herbst 1959 von seiner Mutter ver-
abschiedete, weinte sie sehr. Sie wusste, dass sie ihren
jüngsten Sohn nicht wiedersehen würde. Meine Großmutter Ides war die einzige Tochter der Familie Agajster,
die dem *khurbn* entkommen konnte – der jiddische Begriff
für die Zerstörung der beiden Tempel in Jerusalem und für
die Schoa. Ich bin sicher, dass Ides das Wort gekannt hat.
Sie starb im Februar 1960 in Haifa.

Zu diesem Zeitpunkt hatte mein Vater sein Medizinstudium in Hamburg schon begonnen. Seine Einreise nach
Deutschland musste er sich im Herbst 1959 auf seiner Zwischenstation in der Schweiz erstreiten.

In Zürich war das erste, was der deutsche Konsul
mich fragte: „Warum haben Sie keinen Antrag ge-
stellt?" Ich sagte: „Es gibt keine deutsche Botschaft in
Israel." Er sagte: „Sie hätten zum englischen Konsulat
gehen können." Ich sagte: „Aber ich wusste die Adresse

nicht." Drei bis vier Tage habe ich versucht, ihn zu überzeugen, mit der Universität in Hamburg Kontakt aufzunehmen, weil sie mir bescheinigt hatten, dass ich ein Recht habe, dort zu studieren.

Der Konsul berief sich auf Vorschriften, aber mein Vater blieb hartnäckig. Er hatte schon zu viele Hürden überwunden, um sich jetzt an seinem Traum vom Medizinstudium hindern zu lassen.

Schließlich musste ich unterschreiben, dass ich ihm Geld gegeben hatte, um in meinem Namen nach Hamburg zu telefonieren. Er rief dort an, legte den Hörer wieder auf und schrie: „Sie haben mich angelogen! Sie haben gar keinen Studienplatz! Sie haben nur einen Antrag eingereicht!" Ich sagte: „Was soll ich denn machen? Ich warte schon ein halbes Jahr auf die Immatrikulation!" Er schaute mich an und fragte: „Wollen Sie wirklich in Deutschland studieren?"

Der Diplomat machte sich Sorgen darüber, ob der ausländische Student dem deutschen Staat auf der Tasche liegen würde. Aber mein Vater konnte den Konsul beschwichtigen.

Ich hatte ein Bankkonto in der Schweiz, in St. Gallen, dort hatte ein Freund von Rudi ein Konto für mich eröffnet. Die Bank hat mir bescheinigt, dass ich genug Geld hätte, um mein gesamtes Studium in Deutschland zu finanzieren. Das reichte, um den

Konsul zu überzeugen. Und ich weiß noch, dass ich nach Hamburg geflogen bin und dort zur Ausländerpolizei ging. Ich bekam die Genehmigung, in Deutschland zu studieren, unter der Bedingung, dass ich zuerst Deutschprüfungen mache. Aber das Semester hatte schon vor einem Monat begonnen. Ich musste eine Prüfung ablegen, um zu zeigen, dass ich den Vorträgen überhaupt folgen konnte.

Shraga Goldmann in der israelischen Armee, Mitte der Fünfzigerjahre

Shraga und Ayala Goldmann 1999 in Israel

Shraga Goldmann (rechts unten) um 1953 im Kibbuz

Sibylle Goldmann als Studentin

Shraga Goldmann im Labor in der Universität Ulm
Mit freundlicher Genehmigung von Marcellus Kaiser

Junge Zionisten im Deutschland der Dreißigerjahre: meine Tante
Esther Goldmann und ihr späterer Mann Rudi Barta

Die einzige Großtante, von der ein Bild existiert: Sonia Goldmann
Anfang des 20. Jahrhunderts

Ältere Geschwister meines Vaters: Annie und Jaki Goldmann in den
Dreißigerjahren am Senefelderplatz in Berlin

Die erste Seite des Briefs, den Max Barta im September 1940 aus
seinem Versteck in den Niederlanden an seinen Bruder Rudi in
Palästina schickte

HAMBURG

Mein Vater mietete ein Zimmer in Hamburg-Altona und versuchte, sich mit der deutschen Sprache vertraut zu machen. Er hatte vor seiner Ankunft in Deutschland geglaubt, Jiddisch sei dasselbe wie Deutsch, also würde es keine Verständigungsprobleme geben. Nun musste er feststellen, dass er sich geirrt hatte.

Deutsch hatte ich bei einem südamerikanischen Juden gelernt, der mich unterrichtete mit dem Buch Im Westen nichts Neues. Aber ich konnte nicht viel. Ich ging zum Dienst für ausländische Studenten. Da war ein sehr nettes Mädchen, sie hieß Fräulein Hildebrandt. Sie sagte: „Ich sitze als Sekretärin in den Prüfungen, und ich weiß, was sie fragen." Sie hat mir die Antworten beigebracht, und bei der Prüfung sagte der Vorsitzende: „Fräulein Hildebrandt, stellen Sie die Fragen." Und so wusste ich die Antworten, bekam eine Aufenthaltsgenehmigung für ein Jahr in Deutschland und konnte das Medizinstudium als Gaststudent aufnehmen.

Fräulein Hildebrandt verehrte meinen Vater, aber er ging nicht auf ihr Werben ein. Im Mai 1960 lernte er Fräulein Jäckle kennen, die Frau, die meine Mutter werden sollte.

Sibylle Jäckle war 19 Jahre alt, als die Studentin mit den hochgesteckten dunklen Haaren meinem Vater im Hörsaal der Universität Hamburg auffiel.

Es war mein zweites Semester in Deutschland, und auch für sie war es das zweite Semester. Es war eine Vorlesung in Physik. Ich kannte niemanden außer einem persischen Studenten, Nasser, mit dem ich befreundet war. Ich weiß noch, dass wir oben standen, Nasser und ich, weil der Saal so voll war. Und plötzlich sah ich sie. Sie saß unten, stand auf, um einer älteren Zuhörerin Platz zu machen, ging nach oben und stellte sich neben uns. Ich sagte zu Nasser: „So eine schöne Frau habe ich noch nie im Leben gesehen." Ich habe versucht, mit ihr zu reden. Ich sagte: „Die Vorlesung ist langweilig." Sie sagte: „Das finde ich auch." Sie sei hungrig und wolle frühstücken gehen. Ich sagte: „Ich habe auch noch nicht gefrühstückt." Ich ging mit ihr in die Hauptmensa, im alten Gebäude der Universität. Sie bestellte Bienenstich. Ich wusste nicht, was das ist, aber ich bestellte das gleiche.

Dann saß ich mit ihr auf dem Rasen, es war fantastisches Wetter, und wir fingen an zu reden. Mein Deutsch war grauenvoll, und ich habe deshalb angefangen, mit ihr Englisch zu reden. Aber als sie den Mund aufmachte, dachte ich: „Was habe ich bloß getan ..." Ihr Englisch war hervorragend, und mein Englisch war nicht viel besser als mein Deutsch. Sie fragte mich: „Aus welchem Land kommen Sie?" Und ich sagte: „Raten Sie!" Sie sagte: „Mit Ihrem Akzent könnten Sie aus der Schweiz kommen." Ich sagte: „Das haben schon viele Leute gesagt, aber ich bin nicht aus der Schweiz." Dann tippte sie auf Frankreich. Ich habe sie neun Mal raten lassen, und beim zehnten Mal sagte ich: „Jetzt sage ich es Ihnen, aber wenn Sie ein Problem damit haben, können Sie es sagen. Ich bin Israeli." Ihr Gesicht fing an zu leuchten. Und ich fragte: „Warum freuen Sie sich denn so?"

Meine Mutter erzählte dem jungen Israeli, dass sie, um Geld für ihr Studium zu verdienen, als Kindermädchen für die Familie von Axel Springer gearbeitet hatte. Daher kannte sie in groben Zügen die Geschichte von Springers erster Frau, einer Jüdin aus Hamburg, die trotz Scheidung der Ehe 1938 die NS-Zeit überlebt hatte.

Mein Vater brach in schallendes Gelächter aus, als er „Jäckle" hörte, den Familiennamen meiner Mutter. Er muss ihn an *Jekke* erinnert habe, den israelischen Spitznamen für deutsche Juden und die hebräische Abkürzung für *Jehudi Kasche Hawana* (Jude, der schwer von Begriff ist). Meine Mutter verstand nicht, worüber mein Vater lachte. Für sie war er ein Mensch aus einer fremden Welt. Anders als ihre Eltern, anders als alle Männer, die sie je getroffen hatte. Er arbeitete hart, um sein Studium zu finanzieren, nahm Statistenrollen in Filmen wie *Der Teufel spielte Balalaika* an und schleppte Zentnersäcke im Hafen von Hamburg. Als er meine Mutter zum ersten Mal in seine Studentenbude einlud, lagen dort Stauden von Bananen in Kisten, die er aus einem Waggon im Hafen mitgebracht hatte. Er sagte: „Greifen Sie zu! Schämen sie sich nicht!"

Sie lebten bald als unverheiratetes Paar zusammen und machten gemeinsam eine Reise in die Vergangenheit. 1961, vor dem Bau der Mauer, fuhren sie nach Ost-Berlin. Mein Vater wollte sich in Prenzlauer Berg in der Metzer Straße umsehen, wo er seine ersten Lebensjahre verbracht hatte. Aber das Haus Nr. 1, wo Mottel und Ides mit ihren sieben Kindern gelebt hatten, war im Krieg von einer Bombe zerstört worden. Meine Mutter schlug vor, das „Metzer-Eck" aufzusuchen. In dieser Kneipe erkundigten sie sich nach den Nachbarn und erfuhren, dass eine Familie nach dem Bombenangriff aus der Metzer Straße 1 in die Metzer Straße 2 umgezogen war. Meine Eltern gingen zu dem Mietshaus und klingelten.

Als die ehemaligen Nachbarn meinen Vater vor ihrer Wohnungstür stehen sahen, wurden sie blass. Entsetzt fragten sie: „Jaki?" An seinen älteren Bruder, dem Shraga Goldmann so ähnlich sah, konnten sie sich gut erinnern. Sie ließen meine Eltern nicht in die Wohnung. Aber aus dem Türwinkel konnte mein Vater im Wohnzimmer ein Vertiko erkennen. „Wie sieht es aus?", fragte ihn seine Schwester nach dem Besuch. Mein Vater beschrieb ihr das Möbelstück. Und Esther sagte: „Das hat unseren Eltern gehört."

Einige Monate später fuhren mein Vater und meine Mutter zu einem ersten gemeinsamen Besuch nach Israel. Mein Onkel Jaki holte die beiden im Hafen von Haifa mit einem Boot vom Schiff ab. Die deutsche Studentin war fasziniert von der großen Familie, der Wärme, dem Zusammenhalt unter den Geschwistern. Alle nahmen sie herzlich auf, redeten mit ihr Deutsch. „Ich dachte damals sogar, Deutsch wäre Umgangssprache in Israel", erinnert sich meine Mutter. Sibylle Jäckle durfte auch Gadot besuchen, den Kibbuz meines Vaters unweit der syrischen Grenze. Mein Vater hatte einen Antrag gestellt, seine deutsche Freundin mitbringen zu dürfen, und erhielt dafür eine Mehrheit bei der Abstimmung in der Vollversammlung. Meine Mutter war der erste deutsche Gast in Gadot nach dem Zweiten Weltkrieg.

Meine deutsche Großmutter Elfriede Jäckle zeigte sich weniger gastfreundlich. Ihr passte der dahergelaufene Student mit dem wilden Lockenkopf und dem offenen Hemd überhaupt nicht. Beim ersten Besuch des jungen Paares in ihrem Haus in Rendsburg, einer Kleinstadt in Schleswig-Holstein, deckte sie den Tisch und sagte mit schiefem Blick auf meinen Vater: „Dann muss er wohl mitessen."

Als der junge Mann die Kartoffeln mit der Gabel zerdrückte, machte sie eine Bemerkung über Tischsitten. Mein Vater verstand die Beleidigung. Er stand auf. „Ich merke, ich bin hier nicht erwünscht. Wir können gehen", sagte er und nahm meine Mutter an der Hand. Mehr als ein Jahr unterließen sie jeden Besuch bei Elfriede, die sich noch in den Sechzigerjahren bei Freunden über ihr schweres Schicksal beklagte, weil ihre Tochter, wie man in Schleswig-Holstein mit weichem „Sch" sagt, ausgerechnet einen „Schuden" geheiratet habe.

Auf dem Band mit dem Interview, das Omry 2014 mit meinem Vater geführt hat, hört man eine Pause, dann ein Seufzen, als die Rede auf Elfriede kam und ihre Haltung zu einem jüdischen Schwiegersohn.

Ihre Mutter. Sie war, sagen wir, nicht zufrieden. Überhaupt nicht. Sie war zur NS-Zeit Krankenschwester in Berlin und hat in einem Krankenhaus gearbeitet, in dem

auch viele Nazigrößen waren. Es hätte keinen Grund
für sie gegeben, der Bewegung nicht anzuhängen.

Elfriede Jäckle arbeitete zunächst als Krankenschwester im Berliner Klinikum Westend. „Da waren so viele jüdische Ärzte! Auf einmal waren sie alle nicht mehr da!", sagte meine Großmutter und fing an zu weinen, als ich sie einmal als Kind naiv fragte, was sie über die Judenverfolgung gewusst hatte – selbstverständlich nichts.

Aber wusste sie von den Verbrechen der Ärzte im SS-Lazarett Hohenlychen? Auch in diesem Krankenhaus in der Uckermark hat meine Großmutter einige Monate gearbeitet – wie Irma Grese, die später Aufseherin im KZ Auschwitz wurde. Eine idyllisch wirkende Klinik in waldreicher Umgebung, bekannt auch als Reichssportsanatorium, einige herrschaftliche Gebäude stehen dort noch bis heute.

Der Chef der Heilanstalten Hohenlychen, der Chirurg und Sportmediziner Karl Gebhardt, leitete in den Vierzigerjahren Menschenversuche: Weiblichen Gefangenen wurden im nahe gelegenen KZ Ravensbrück Verletzungen zugefügt und Sulfonamide gespritzt, um ihre Wirkung gegen Wundbrand zu testen. Anlass zu diesem Verbrechen war das Attentat tschechischer Widerstandskämpfer in Prag auf den Leiter des Reichssicherheitshauptamtes Reinhard Heydrich, der nicht sofort an seinen Verletzungen starb, sondern Anfang Juni 1942 an Wundbrand. Ein Gegenmittel fand Karl Gebhardt nicht, aber mehrere Frauen gingen an den Folgen der Menschenversuche im KZ zugrunde. Im Nürnberger Ärzteprozess wurde der ehemalige Klinikleiter von Hohenlychen als Kriegsverbrecher verurteilt und 1948 hingerichtet.

Meine Großmutter bezeichnete Karl Gebhardt im Jahr 2000 in einem Gespräch mit mir als „Schwein, das aufgehängt werden musste. Der hat so Knochenversuche gemacht." Meiner Mutter konnte allerdings bezeugen, dass meine Großmutter früher anders geredet hatte. „Leider", hätte demnach Elfriedes Urteil gelautet, als es um Gebhardts Hinrichtung ging. Und sie soll noch in den Fünfziger- oder Sechzigerjahren von den schwarzen Uniformen geschwärmt haben, die die schneidigen SS-Männer im Lazarett trugen.

Meine Mutter kämpft bis heute mit dieser Geschichte. „Elfriede war nie in Hohenlychen", meinte sie zuletzt. „Sie hat das bestritten." „Aber sie hat es mir doch selbst erzählt. Und du auch!", habe ich eingewandt. „Du hast zu mir gesagt, sie hätte noch Glück gehabt, dass sie nicht für Auschwitz rekrutiert wurde wie Irma Grese." „Stimmt. Ich weiß nicht. Vielleicht solltest du die Personalakten in Hohenlychen checken", hat meine Mutter vorgeschlagen.

Ich weiß nicht, ob es Akten gibt. Ich bin im November 2020 mit dem Fahrrad von Fürstenberg nach Lychen gefahren, durch den Wald in der Uckermark, vorbei an einem Schild, das auf das ehemalige KZ Ravensbrück hinweist, eine schöne Fahrradtour, ich habe die herbstlichen Farben der Blätter in mich aufgenommen, die Gebäude fotografiert und versucht, mir vorzustellen, wie eine junge Frau in Schwesternuniform über den Hof geht und junge Männer in schwarzen Uniformen bewundert.

Genauer wollte ich es nicht wissen. Als die Menschenversuche begannen, war Elfriede schon Mutter und nicht mehr als Krankenschwester im Dienst. Und so bleibe ich bei den verschiedenen Versionen, die mir überliefert wurden: Meine deutsche Großmutter war Krankenschwester in

Hohenlychen. Sie bewunderte den Nazi-Verbrecher Karl Gebhardt. Sie hielt Karl Gebhardt für ein Schwein. Aber warum hatte sie überhaupt eine Meinung zu Karl Gebhardt? Meine Großmutter ist doch niemals in Hohenlychen gewesen.

***

Schwester Elfriede verlobte sich mit einem Patienten – einem hochrangigen HJ-Führer aus Österreich, der nach einem Duell mit einer Bajonettverletzung ins Krankenhaus gebracht wurde. Doch auf Anweisung ihrer Brüder löste sie die Verlobung, weil der Jungnazi spielsüchtig war und Elfriede um Geld anpumpte. Kurz nach ihrem Schwesternexamen heiratete sie einen anderen Patienten, der wegen eines Hammerzehs behandelt wurde.

Ernst Jäckle aus dem Schwarzwald war ein gutaussehender Mann, der mein Großvater werden sollte. Ein halbes Jahr nach Beginn des Zweiten Weltkriegs wurde er von der Wehrmacht eingezogen. Meine Mutter kam im Juli 1940 zur Welt, das zweite Kind, ein Junge, drei Jahre später. Die Ehe war kurz und unglücklich. Mein Großvater lernte während des Krieges eine „Volksdeutsche" kennen und verließ Elfriede, die Mutter seiner Kinder, für die andere Frau.

Er versuchte, Kontakt zu seiner Familie zu halten. Kurz nach Kriegsende, als seine fünfjährige Tochter und sein zweijähriger Sohn mit meiner Großmutter in einem Dorf in Schleswig-Holstein lebten und das kleine Mädchen die Bauern vergeblich um ein paar Kartoffeln anbettelte, schickte Ernst Jäckle Pakete mit Stofftieren und Schokolade.

Aber das Mädchen und der Junge bekamen die Geschenke ihres Vaters nie. Meine Großmutter verkündete: „Ein Paket vom Lump!" Dann warf sie die Schokolade und die Tiere vor den Augen der schockierten Kinder in den Ofen. Bis heute sammelt meine Mutter Stofftiere, die sie als Kind nicht haben durfte. Aber das grausame Bild vom brennenden Hasen, dessen Ohren in Flammen aufgingen, ist nicht zu löschen.

Elfriede war blind vor Hass. Ihr Mann hatte sie verraten, seitdem hasste sie alle Männer. Mein Vater, der dahergelaufene Jude, stieg erst in ihrer Achtung, als er promoviert war. Die Krankenschwester versäumte es nie, Pakete an ihre Enkeltöchter mit den aktuellen akademischen Titeln meines Vaters zu versehen. Als er habilitiert war und wenig später eine Professur bekam, hielt sie ihn längst für einen großartigen Schwiegersohn.

Meinem Vater war es egal, was Elfriede dachte. Er liebte eine junge Frau, nicht ihre Mutter. Er ignorierte auch die Sprüche von Onkel Fritz – der einzige von Elfriedes drei Brüdern, der damals noch lebte; Onkel Rudolf und Onkel Alfred waren als Soldaten im Zweiten Weltkrieg gestorben. „Er war etwas weltfremd", sagte Elfriede über ihren letzten Bruder. Noch 1948 öffnete Fritz die Haustür in seinem kleinen Dorf in seiner alten SA-Uniform, riss den rechten Arm hoch und grüßte die irritierten Besucher mit einem zackigen „Heil Hitler!"

Als Onkel Fritz meinen Vater kennenlernte, wollte er beweisen, dass er sich geändert hatte. Er schlug dem israelischen Medizinstudenten auf die Schulter und sagte leutselig: „War nicht in Ordnung, damals. Wir machen das nicht nochmal."

***

Meine Mutter ging auf Abstand. Sie trat aus der Kirche aus. Die deutsche Medizinstudentin beschloss, zum Judentum zu konvertieren, um vollständig Teil der Welt meines Vaters zu werden. „Es war ihre Idee", hat er immer gesagt. Aber der junge Israeli unterstützte seine Freundin in ihrem Wunsch – nicht aus religiösen Gründen, sondern um der zukünftigen Kinder willen, die nur mit einer jüdischen Mutter in Israel als Juden anerkannt werden würden. Und in Israel, davon ging das Studentenpaar aus, würden sie nach Abschluss ihres Medizinstudiums leben wollen. Meine Mutter träumte davon, eine Praxis in der Wüste zu eröffnen und Beduinen zu behandeln.

1962 wandte sich Sibylle Jäckle mit ihrem Übertritts-Anliegen brieflich an einen Rabbiner in München. Der wies sie in seinem Antwortbrief schroff ab. Liebe sei kein hinreichender Grund für eine Konversion. Um überhaupt in Betracht gezogen zu werden, müsse nicht nur sie, Fräulein Jäckle, sondern auch ihr Verlobter, Herr Goldmann, bereit sein, sich den Geboten der Tora zu unterwerfen. Doch im Weltbild meines Vaters spielte Unterwerfung keine Rolle. Er lachte nur und sagte: „So sind sie."

Meine Tante Esther war inzwischen mit ihrem Mann nach Frankfurt am Main übergesiedelt, weil mein Onkel Rudi sich in Israel mit seinem Chef überworfen hatte und ein neues Betätigungsfeld suchte. Esther riet meiner Mutter, sich an einen Rabbiner zu wenden, den sie kannte: den hessischen Landesrabbiner Isaak Emil Lichtigfeld. „Das war ein richtiger Mensch", erinnert sich meine Mutter. Rabbiner Lichtigfeld war bereit, sie anzuhören. Er lernte auch meinen Vater kennen und sah das Offensichtliche. Der Rabbi war nicht weniger orthodox als sein Kollege in München, aber er war Pragmatiker. Ihm war klar, dass die beiden zusammenbleiben würden, auch wenn er ihnen keinen Segen gab. Isaak Emil Lichtigfeld wollte der Gründung einer jüdischen Familie nicht im Weg stehen. Er leitete Schritte zum Übertritt meiner Mutter ins Judentum ein.

Sibylle Jäckle erhielt Tora- und Hebräischunterricht bei einem Religionslehrer in Hamburg. Sie nahm den Unterricht ernst. Im Mai 1965 bestand sie die Prüfung durch das orthodoxe Beit Din und tauchte anschließend in der *Mikwe* der Jüdischen Gemeinde Hamburg unter. Sogar zwei Mal, erzählt meine Mutter: Nachdem zunächst die Aschkenasen der Gemeinde die Aufsicht über das Tauchbad geführt hatten, sollen die Sefarden angeblich darauf bestanden haben, dass ein Giur nur unter ihrer Kontrolle halachische Gültigkeit erlangen könne. Also ging meine Mutter ein zweites Mal in die *Mikwe*.

Es gab keine *Chuppa*. Die Trauung fand am 4. Juni 1965 im Standesamt Hamburg-Grindel statt. Meine Großmutter Elfriede machte während der gesamten Hochzeitsfeier ein mürrisches Gesicht. Sie missbilligte nicht nur die Person des Bräutigams, sondern war auch beleidigt, dass mein Vater nicht in aller Form um die Hand ihrer Tochter angehalten hatte. Oder vielleicht glaubte sie nicht mehr an die Ehe. Elfriede schenkte dem Brautpaar nichts außer einem harten Ei. Ein Symbol der Fruchtbarkeit? Oder der Hartherzigkeit? Meine Eltern haben das Rätsel nie gelöst.

Mein Onkel Rudi, der 1938 durch seine kurzfristig angesetzte *Chuppa* in Berlin in den rettenden Hafen von Haifa gelangt war, versuchte, die Stimmung aufzulockern.

Aber meine Großmutter lachte kein bisschen über seinen Witz, als Rudi sie wegen der Partnerwahl ihrer Tochter zu trösten versuchte: „Ist doch nicht so schlimm, Elfie. Sie hätte auch 'nen Neger heiraten können!"

Etwas mehr als ein Jahr später bestand mein Vater die ärztliche Prüfung in Hamburg und begann seine zweijährige Medizinalassistentenzeit. Im Oktober 1969 kam ich zur Welt. 1970 wurde mein Vater promoviert und arbeitete anschließend als Assistenzarzt im Bakteriologisch-Serologischen Institut und der Blutbank des Allgemeinen Krankenhauses Heidberg in Hamburg.

1971 gingen meine Eltern für ein Jahr nach Aarhus in Dänemark, wo mein Vater als Stipendiat der Deutschen Forschungsgemeinschaft im *Blood Bank, Blood Grouping and Tissue Typing Laboratory* unter Flemming Kissmeyer-Nielsen arbeitete. Damit legte er die Grundlage für seine zukünftige Karriere als Transfusionsmediziner. Sie führte ihn und uns, seine Familie, in eine kleine Stadt in Süddeutschland.

ULM

Im Sommer 1972 landete mein Vater einen Volltreffer bei einer Bewerbung: Er trat eine Stelle an der Abteilung für Transplantationsimmunologie der neu gegründeten Universität Ulm an. Wir zogen in eine Wohnung in einem Mehrfamilienblock auf dem Eselsberg.

Mein Vater leitete das *Tissue Typing Labor* der Universität Ulm an der Abteilung für Klinische Physiologie. Als wir Kinder noch klein waren, nahm er uns mit in sein Labor – damals in der Villa Eberhardt in der Mitte der Stadt. Seine Mitarbeiterin passte geduldig auf mich auf. Wir durften mit Spritzen spielen und farbiges Wasser darin aufziehen. Wir lernten alles über Blutgruppen.

Ich erinnere mich an den ehemaligen Rittersaal des Hauses, wo sich damals die Blutspender einfanden, und an eine Mitarbeiterparty in der alten Villa, es gab dort eine Kegelbahn. Mein Vater zeigte uns auch eine Spezialstation im Ulmer Krankenhaus. Dort sahen wir Kinder, die in durchsichtigen Zelten isoliert wurden. Sie wurden wegen einer Immunschwächeerkrankung behandelt.

Sein Spezialgebiet wurden nicht verwandte Knochenmarkspender – er suchte nach Heilung für Menschen, die an Blutkrebs erkrankt waren und keinen passenden Spender in der eigenen Familie hatten. Mein Vater wollte sich nicht damit abfinden, dass die Diagnose Leukämie für viele dieser Menschen ein Todesurteil bedeutete. Er beschäftigte sich auch mit Nierentransplantationen. Einmal bat er mich, als Erwachsene niemals Motorrad zu fahren. Denn viele der transplantierten Nieren stammten von tödlich verunglückten Motorradfahrern. Er konnte stundenlang über seinen Job reden. Ich habe nicht immer verstanden, worum es ging. Aber ich habe ihm meine Bewunderung signalisiert, auch wenn es mir manchmal zu viel wurde.

Mein Vater ging auf in seiner Arbeit. Meine Mutter blieb mit uns Kindern zu Hause. Weil sie mich und meine Schwester nicht in einen kirchlichen Kindergarten schicken wollten, schlossen sich meine Eltern zusammen mit anderen Akademikern der Gründung eines Kinderladens an. Aber auch das schöne alte Haus der Elterninitiative „Freie Kinder" in der Friedrichsau – bis heute ein Kindergarten – hatte nur bis 12 Uhr geöffnet. Kinder wurden erst ab drei Jahren aufgenommen, und es gab kein Mittagessen.

Ich hatte es besser, als ich Mutter wurde. Mein Sohn, geboren 2009, wurde ab seinem zweiten Lebensjahr in einer Berliner Kita bis nachmittags betreut. In Baden-Württemberg in den Siebzigerjahren wäre das undenkbar gewesen. Ich konnte schnell nach der Geburt wieder in meinen Beruf einsteigen. Meine Mutter brauchte länger, bevor sie einen Weg für sich fand.

Sie ist nicht Ärztin geworden, wie es meine Großmutter, Schwester Elfriede, aus Prestigegründen gewollt hatte. Sie brach das Medizinstudium nach vier Semestern ab und ließ sich zur Medizinisch-Technischen Assistentin ausbilden. Ihr Leben lang war meine Mutter politisch aktiv, meinungsstark, scharfzüngig und eine Expertin für Formulierungen. Sie wäre eine gute Journalistin geworden.

Aber in Ulm war sie die ersten Jahre nur Mutter. Und sie war sehr allein. Ihr jüngerer Bruder starb 1970 plötzlich und unerwartet im Alter von 27 Jahren. Zu ihrem Vater hatte sie kaum Kontakt. Elfriede kam gelegentlich aus Norddeutschland zu uns, aber alle Besuche meiner Großmutter endeten in Streit.

Meine Mutter, eine gebürtige Kielerin, liebte die Nordsee, fuhr gerne nach Sylt, verstand sich als Großstädterin. Zu den Freunden meiner Eltern in Hamburg gehörten der Historiker Walter Grab, den mein Vater an der Uni kennengelernt hatte, und Claus Peymann, der am Universitätstheater Hamburg seine Regiearbeiten begann.

Im Sommer 1972 fand sich meine 32 Jahre alte Mutter mit ihrem Mann und mir – ihrer noch nicht dreijährigen Tochter – auf dem Ulmer Eselsberg wieder, genauer gesagt im Traminerweg, wo ein grüner Rasen je zwei Wohnblocks trennte. Als sie sich im Bikini auf einem Handtuch ins Gras legen wollte, um sich zu sonnen, wurde sie von den Nachbarn darauf aufmerksam gemacht, dass es verboten sei, den Rasen zu betreten. Außerdem wurde bemängelt, dass sie die Kehrwoche weder pünktlich noch zur Zufriedenheit der anderen Mieter erledigt hätte. Und dann war da noch Herr Holzmann.

Holzmann und seine Frau wohnten direkt unter uns im ersten Stock. Im Krieg hatte der Nachbar ein Bein verloren, was er meinem Vater persönlich übelnahm. Während Holzmanns Frau immer freundlich grüßte, tyrannisierte der Mann mit dem Holzbein die gesamte Nachbarschaft, besonders aber unsere Familie.

Er verlangte von meinem Vater, als „Dr. Holzmann" angesprochen zu werden. Mein Vater sagte: „Ich bin auch

Doktor." Holzmann konterte: „Woher soll ich denn wissen, wo Sie Ihren Doktortitel herhaben?" Er kassierte mein Spielzeugauto, das von unserem Balkon auf seinen heruntergefallen war, und gab es erst mehrere Tage später zurück. Er nahm Kindern die Rollschuhe weg, wenn sie ihn bei der Mittagsruhe störten. Einmal zeigte er meinen Vater bei der Polizei an, weil wir angeblich nachts Geschirr gespült hätten.

Ein anderes Mal, es muss 1974 gewesen sein, sah er meinen Vater an einem autofreien Sonntag zur Universität fahren. Wegen der Ölkrise war der Verkehr eingeschränkt worden. Sofort rief Holzmann wieder die Polizei. Aber mein Vater hatte ärztlichen Bereitschaftsdienst und eine Sonderfahrgenehmigung. Daraufhin wurden weitere Holzmannsche Anzeigen gegen meinen Vater bei der Polizei als das Agieren eines Querulanten erkannt und nicht weiter ernst genommen.

Aber Holzmann gab nicht auf. Er beobachtete, wann mein Vater – ein leidenschaftlicher Langschläfer, der nie vor halb zehn Uhr bei der Arbeit erschien – das Haus verließ, um seinen Chef anzurufen. Es sei ja offensichtlich, dass der Herr Goldmann sich nicht an seine Arbeitszeiten halte. Wofür dieser Faulpelz eigentlich bezahlt werde?

Mein Vater holte zum Gegenschlag aus. Mit Leidenschaft: Uns Kinder forderte er auf, absichtlich in der Wohnung Krach zu machen, um es Holzmann heimzuzahlen. „Hüpfen!", kommandierte er. Wir hüpften, so laut wir konnten, aber ich hatte trotzdem Angst vor Holzmann. Wenn ich ihn auf meinem Schulweg sah, machte ich einen Umweg. Einmal traute ich mich nicht, die Haustür zu schließen, weil ich befürchtete, dass der Nachbar mich hören könnte. Ich schlich die Treppe hoch. Aber natürlich kam Holzmann, der Schrecken meiner Kindheit, trotz Holzbein sofort aus seiner Wohnung geschossen – ich vermute, er hatte an der Tür schon auf mich gelauert – und brüllte mich an, was mir einfiele, die Haustür offen stehen zu lassen.

Als ich in die erste Klasse kam, begann meine Mutter, wieder zu arbeiten. An der Universität Ulm nahm sie eine Halbtagsstelle bei einer telefonischen Beratungsstelle für Ärzte an, die Krebspatienten behandeln. 1977 zogen wir um nach Blaustein, damals ein Dorf in der Nähe von Ulm. Mein Vater blockierte drei Monate lang mein Kinderzimmer und schrieb seine Habilitationsarbeit. 1980 bestand er seine Habilitationsprüfung und erhielt die Venia Legendi für das Fachgebiet Klinische Physiologie und Transfusionsmedizin. Im selben Jahr wurde er Leiter der Abteilung Transplantationsimmunologie des DRK-Blutspendedienstes Baden-Württemberg. 1982 kehrten wir zurück an den Eselsberg. Wir kauften ein Haus, das die *Neue Heimat* gebaut hatte. Mein Vater hatte immer davon geträumt, nach Israel zurückzugehen. Aber seine wissenschaftliche Karriere lief zu gut, um sie für eine unsichere Zukunft aufzugeben.

Bis zum Jahr 1973 dachte ich, dass ich nach Israel zurückkehre. Ich wollte in Jerusalem an der Hebräischen Universität arbeiten, ein Immunologe hatte mir einen Arbeitsplatz versprochen. Als ich ihn fragte: „Wann?", sagte er: „Nicht dieses, sondern nächstes Jahr." Aber inzwischen hatte ich ein Stipendium für Dänemark bekommen. Als der Mann in Jerusalem das erfuhr, sagte er: „Wenn du ein europäisches Stipendium bekommst, kannst du ein Jahr bei mir

arbeiten." Später sagte er: „Ich habe einen Halbtags-
job für dich, und als zweite Halbtagsstelle kannst du
als Notarzt bei Magen David Adom (Roter Davidstern)
arbeiten." Aber das war nicht das, was ich wollte.

Meine letzte Gelegenheit für einen Job in Israel
war im Krankenhaus Tel Haschomer in Tel Aviv. Ich
hätte eine Stelle haben können unter der Bedingung,
dass ich für ein Schabbatjahr nach Israel gekommen
wäre. Aber in Europa gab es so etwas damals nicht.
Bei dem Gespräch in Tel Haschomer sagte ich zu
der Hämatologin Bracha Ramot: „Ich bekomme in
Deutschland kein Geld dafür, dass ich in Israel ar-
beite." Sie sagte: „Dann finde einen anderen Weg."
Ich habe einen anderen Weg gefunden: Ich bin in
Deutschland geblieben. Und die Wahrheit ist, dass
ich es nicht bereue. Denn hier hatte ich eine Chance,
die es nur einmal im Leben gibt.

Israel wurde unser Urlaubsland. 1974 fuhren wir mit dem
Auto nach Venedig und mit dem Schiff nach Haifa. Ich erinnere mich daran, wie wir die Insel Rhodos passierten, an
das große Gefühl von Freiheit inmitten des blauen Meers.
Einmal fiel ich auf dem Schiff in den Swimmingpool, der
mit Salzwasser gefüllt war, und konnte mich glücklicherweise am Bein eines Erwachsenen festhalten. Zwei Mal
sprang mein Vater angezogen in den Pool und rettete andere
Kinder, die wie ich versucht hatten, sich an einer Stange an
der Wand neben dem Beckenrand von einer Seite des
Schiffs auf die andere zu hangeln und dabei ausgerutscht
waren. Danach trocknete er die Geldscheine aus seinem
Portemonnaie in der Sonne.

Meine Eltern mieteten ein kleines Häuschen am Strand von Herzliyya-Pituach. Wir spielten den ganzen Tag im Garten. Wenn die Hitze nachließ, gingen wir nachmittags ans Meer. Als unser Schiff am Ende des Sommers 1974 den Hafen von Haifa in Richtung Europa verließ, fiel es meinem Vater schwer, zu sehen, wie die israelische Küste immer kleiner wurde. Aber er bemühte sich, seine Gefühle zu beherrschen.

Ich hatte etwas Tränen in den Augen, aber das war nicht das, was zählte.

1976 fuhren wir wieder mit dem Schiff nach Israel, 1977 stiegen wir für unsere Israel-Reisen auf das Flugzeug um. Meine Schwester und ich spielten mit unseren Cousins und Cousinen, Großcousins und Großcousinen am Strand. Mein Vater mietete ein Auto und zeigte uns das ganze Land: Eilat, Banias, die Sachne, seinen Kibbuz Gadot, die archäologischen Ausgrabungen in Cäsarea, die Altstadt von Jerusalem. Wenn am Strand von Herzliyya die Sonne unterging, tat er so, als habe er Himmel und Erde nur für seine Töchter erschaffen, und fragte uns: „Wie habe ich das für euch arrangiert?"

In jedem Urlaub musste er sich vom *Miluim* befreien, dem Reservedienst der israelischen Armee – bis er 50 Jahre alt wurde. Er brauchte die damals üblichen vier Wochen Wehrdienst im Jahr nicht abzuleisten, weil er im Ausland lebte. Aber er musste jedes Mal, wenn er in Israel war, zu einem Büro der Armee fahren und sich eine Bescheinigung holen, um wieder ausreisen zu dürfen.

Bei unserer Israelreise im Jahr 1977 gab es Streit. Mein Onkel Jaki, der zu dieser Zeit in Israel lebte – später arbeitete er mehrere Jahre als Vertreter der Firma Agrexco in Frankfurt und exportierte Jaffa-Orangen nach Deutschland, bis er mit 60 Jahren in den unfreiwilligen Ruhestand geschickt wurde –, hatte genug vom *Maarach*, der Arbeitspartei. Das erste Mal in seinem Leben gab er seine Stimme dem *Likud*.

Menachem Begin wurde Ministerpräsident. Mein Vater war entsetzt über den Wahlausgang und enttäuscht über die Entscheidung seines Bruders. Für mich war es eine Lektion in Toleranz: Mein Vater hasste Begin, also war Begin der falsche Mann. Aber ich liebte auch meinen Onkel, obwohl er seine Stimme einem Schurken gegeben hatte. In mein Tagebuch schrieb ich: „Ich hoffe, dass Jaki sich bei der nächsten Wahl bessert!"

Bei einer anderen Diskussion empfahl mein Onkel Natan-El aus Haifa, der Mann meiner Tante Dina – der Verfasserin unseres Stammbuchs –, mein Vater solle in politischen Fragen den Mund halten. Schließlich sei er *Jored* (Absteiger), das abfällige hebräische Wort für Auswanderer. Er dürfe erst wieder mitreden, wenn er nach Israel zurückkehre. Mein Vater konterte: „Rede nicht mit mir wie mit deinem Mülleimer!" Aber die großen Salamiwürste, die wir zu jedem Urlaub aus Deutschland mitbrachten, weil sie damals in Israel nicht erhältlich waren – die nicht kosheren Supermärkte der Kette *Tiv Taam* gab es damals noch nicht –, wurden von allen Verwandten gerne angenommen, unabhängig von ihren politischen Meinungen.

Einmal kamen wir mit vielen Koffern am Frankfurter Flughafen an. Mein Vater holte sich einen Gepäckwagen. Ein Beamter wies ihn darauf hin, dass er diesen Wagen in einem bestimmten Teil des Flughafens nicht benutzen dürfe – vielleicht war die Begründung auch anders, ich habe es vergessen. „Ich tue nur meine Pflicht", sagte der Beamte, der auf seiner Autorität beharrte. In meinem Vater erwachte der Jähzorn. „Das hat der Kommandant von Auschwitz auch immer gesagt!", schrie er. Ich wäre am liebsten im Boden versunken.

Wir fuhren oft zu Pessach nach Israel und feierten mit unseren Tanten und Onkeln. Ich habe als Erwachsene keinen einzigen Sederabend erlebt, der unsere Familienseder von damals getoppt hätte. Meine Cousins und Cousinen versuchten, sich beim Lesen der Haggada gegenseitig zu überbieten. Die hebräischen und aramäischen Texte wurden heruntergerattert, damit das Essen endlich beginnen sollte. Manchmal protestierte mein Vater, weil seine Töchter nicht so schnell folgen konnten. Denn wir haben zu Hause in Ulm nur Deutsch gesprochen. Mein Vater brachte uns kein Iwrit bei, als wir klein waren, und später wollten wir die Sprache nicht mehr von ihm lernen. Wir schnappten einiges bei unseren Israel-Urlauben auf und hatten Hebräischunterricht bei einer Israelin, die in Ulm lebte. Wirklich Hebräisch zu sprechen lernte ich erst als Studentin im Ulpan in Jerusalem.

Aber wenn Rudi bei dem Pessachlied *We hi-sche-Amda* („In jeder Generation stehen sie auf, um uns zu vernichten") lauthals mit seinem starken Berliner Akzent auf Hebräisch sang und voller Begeisterung auf den Tisch schlug, dann brauchten wir keine perfekten Hebräischkenntnisse. Wir verstanden auch so, dass der Auszug aus Ägypten keine 4.000 Jahre alte Geschichte war. Denn es war noch kein halbes Jahrhundert vergangen, seit meine Großeltern aus Triest mit dem Schiff nach Haifa in die Freiheit gelangten.

Nie war mir so klar wie damals, warum jede und jeder von uns den Pessachseder so feiern soll, als sei er oder sie selbst aus der Sklaverei befreit worden. Nie wieder habe ich so gute *Gefilte Fisch* gegessen wie bei meiner Tante Mirjam.

Und nie war ich so froh, an den Pessachtagen nach dem Seder Brot zu bekommen wie bei Jakis Frau Jawniela, der ersten Tochter der landwirtschaftlichen Siedlung Jawniel. Sie war in den Dreißigerjahren fern von ihren Eltern aufgewachsen, die auf dem Feld arbeiteten und keine Zeit für ihre kleine Tochter hatten, und sie hasste den Sozialismus von ganzem Herzen. Aber auch für Religion hatte sie nichts übrig: Vor den Pessachtagen machte sie immer einen Großeinkauf, und ihre Kühltruhe war voller Pita für uns alle.

Nie war die Purimgeschichte überzeugender als im Frühjahr 1978, als ich als Achtjährige ganz alleine, ohne meine Eltern, für zehn Tage nach Israel fliegen durfte. Ich wohnte bei Esther und Rudi in ihrem Haus in Ramat Hasharon, einem bürgerlichen Vorort von Tel Aviv. In den Siebzigerjahren waren mein Onkel und meine Tante aus Frankfurt nach Israel zurückgekehrt. Ihr Wohnzimmer in Ramat Hasharon war mit dänischen Tischen und Stühlen möbliert. Im Regal standen nur deutsche und englische Bücher, kein einziges Exemplar auf Hebräisch. Darauf, dass sie in Warschau geboren war, wollte Esther, die sich als Oberhaupt unserer Großfamilie verstand, nicht angesprochen werden. Sie wollte keine Ostjüdin sein und im Grunde ihres Herzens auch keine Israelin. Im Sommer reiste sie am liebsten in die Schweiz, in Nobelorte wie Gstaad. Sie färbte sich die Haare wasserstoffblond und bezeichnete sich als *Jekkete*, als deutsche Jüdin.

„Die Königin hieß Esther. Wie ich", sagte sie sehr bewusst, als sie die deutsche Bibel öffnete und mir aus dem Buch Esther vorlas. Ich verstand die Handlung der *Megilla* nicht völlig. Aber für mich war meine Tante die Heldin aus der Purimgeschichte, die ihr Volk gerettet hatte. Jedenfalls acht Menschen, denn ohne Esthers Bitte für ihre Eltern und ihre sechs Geschwister hätten sie vielleicht nie ein Zertifikat für Palästina bekommen. Und ich hätte nie zusammen mit Esther im März in Israel Erdbeeren gepflückt.

Purim in Deutschland war eine andere Geschichte. Einmal nahmen meine Eltern mich mit zu einem Purimball in der jüdischen Gemeinde in Stuttgart. Das war 1977, nach dem Selbstmord der RAF-Gründer im Gefängnis von Stammheim. Vor dem Festsaal in der Gemeinde standen Polizisten mit Maschinenpistolen. Ich verstand nicht, wie Menschen ausgelassen tanzen konnten, wenn es draußen offenbar so gefährlich war. Die demonstrative Fröhlichkeit, die geschminkten Frauen, die schrillen Kostüme, die aufgedrehten Kinder: Es fühlte sich nicht echt an.

Meine Eltern waren in die Israelitische Religionsgemeinschaft Württemberg (IRGW) eingetreten, nachdem mein Vater sich den Bitten aus Stuttgart zunächst verweigert hatte. Was er als Atheist in der Gemeinde solle? Aber Landesrabbiner Joel Berger und die Sozialabteilung bearbeiteten ihn hartnäckig. Mit den Gemeindesteuern würden das jüdische Altersheim und andere soziale Einrichtungen finanziert. Ob er Bedürftigen seine Unterstützung vorenthalten wolle? Arme Juden bräuchten seine Hilfe! Da konnte mein Vater nicht Nein sagen. Bis zu seinem Tod blieb er Mitglied der IRGW.

„Wir sind Mitglieder der Israelitischen Religionsgemein-schaft Württemberg. Wir sind säkulare, atheistische Juden", schrieb mein Vater in einer Notiz, die ich nach seinem Tod gefunden habe. „Wir halten den Schabbat nicht. Wir halten nicht die Kaschrut, aber wir kennen uns gut im Tanach aus, der jüdischen Bibel. Meine Frau weiß mehr als ich über jü-dische Gebete und Gesetze. Wir zahlen die Religionssteuer, aber sind höchstens einmal im Jahr in der Synagoge in Stuttgart, um gute Freunde zu treffen."

Als ich 1982 zwölf Jahre alt und *Bat Mizwa* wurde, gab es in Stuttgart keine Feier für religionsmündige Mädchen. Nur Jungen zelebrierten damals ihre *Bar Mizwa* in der Synagoge. Meine Eltern übergingen ihre Tochter nicht. Sie organisierten keine Feier, das wäre zu viel Religion für sie gewesen. Aber mein Vater schenkte mir die zweisprachige *Biblia Hebraica* der Württembergischen Bibelanstalt Stutt-gart, die bis heute in meinem Arbeitszimmer steht, mit der revidierten Fassung der Übersetzung von Martin Luther.

Meine Eltern glaubten anders. Sie engagierten sich im Ulmer Ortsverein der Sozialdemokratischen Partei Deutsch-lands und in der Friedensbewegung. Meine Mutter war, als wir in Blaustein wohnten, Schatzmeisterin der lokalen SPD, mein Vater Mitgründer der Initiative „Ulmer Ärzte gegen den Atomtod". Zusammen mit mehreren Kollegen veröffentlichte er 1983 das Buch *Tausend Grad Celsius – Das Ulm-Szenario für einen Atomkrieg.*

Mit meinen Eltern war ich auf vielen Demonstrationen gegen die „Nachrüstung", die Stationierung von amerika-nischen Pershing-II-Raketen in der Bundesrepublik. 1981 fuhr ich mit meiner Mutter zur ersten großen Friedens-kundgebung im Bonner Hofgarten, später auch nach Mutlangen. Und ich war Teil der Menschenkette, die 1982 zwischen Ulm und Stuttgart geschlossen wurde. Wir standen auf der „Stuttgarter Straße" nicht weit vom Ulmer Friedhof, auf dem mein Vater heute begraben liegt.

Meine Eltern nahmen ihre Töchter auch zu einer weniger friedlichen Kundgebung mit. Eine Gruppe von Demonstranten wollte 1985 ein Treffen von ehemaligen SS-Männern stören, das trotz vieler Versuche von Verfolgten des NS-Regimes nicht verboten worden war. Wir fuhren mit dem Bus aus Ulm über die Landesgrenze ins bayerische Nesselwang, einen kleinen Skiort im Allgäu, und sangen antifaschistische Lieder.

Bei der Demo ging es zur Sache. Auf das Traditionshotel im Dorf, in dem die Nazis sich trafen, flogen Farbbeutel und Eier. Die Fassade war ruiniert. Mein Vater stellte sich, mit der Begründung, auf uns Kinder aufpassen zu müssen, in den Zielbereich des Wasserwerfers. Die Aktion machte ihm sichtlich Spaß. Aber seine Methode, die alten Kameraden zu ärgern, war effektiver als Wurfgeschosse. Er baute sich vor den ehemaligen SS-Männern auf, strahlte sie aus seinen blauen Augen an und rief fröhlich: „Kriegsverlierer! Kriegsverlierer!"

Doch er kannte auch Momente der Resignation. Im Golfkrieg 1991 war er tief enttäuscht von seinen Freunden aus der Friedensbewegung, die weiße Bettlaken aus dem Fenster hängten, um sich Saddam Hussein zu ergeben, während unsere Verwandten in Israel sich mit Gasmasken vor irakischen Raketenangriffen in Schutzräume flüchteten. Er fühlte sich verraten von den eigenen Genossen. Manchmal kündigte er Freundschaften. Manchmal nahm er sie wieder auf. Er war ein Mensch, der sich in Gruppen wohlfühlte und gerne Gesellschaft um sich hatte, aber ebenso ein Einzelgänger, der sich auf keine Linie festlegen ließ.

Auch die politischen Entwicklungen in Israel machten ihm zu schaffen. Mein Vater war jahrelang Abonnent von *Haaretz*. Wir bekamen die Extra-Ausgabe für Diaspora-Israelis, gedruckt auf besonders dünnem Papier, zweimal pro Woche mit der Post nach Hause. Aber nach dem Beginn der zweiten Intifada bestellte mein Vater die Zeitung ab. Die Palästinenser, die Siedler, die ewigen Verhandlungen, die nicht zum Frieden führten: „Ich kann das alles nicht mehr lesen", sagte er.

Aber als Wissenschaftler gab er nicht auf. Für viele Leukämiepatienten, die keinen genetisch passenden Knochenmarkspender in der eigenen Familie hatten, waren seine Forschungen lebensrettend. 1974 führten Ulmer Ärzte die erste Knochenmarkstransplantation von einem Spender in Deutschland durch, der nicht mit dem Empfänger verwandt war. Mein Vater hatte die Spende aus Dänemark vermittelt und die Gewebeverträglichkeit getestet. Carlheinz Müller, sein Kollege, zeichnete in der Trauerrede über das „jüdische Sonntagskind" Shragas Berufsweg nach:

In der starken Ulmer Arbeitsgruppe zur Erforschung der Blutstammzellen und ihrer Transplantation [...] war er der immunologische Kopf. Und deswegen war er es auch, der nach den schwierigen Anfangsjahren als erster klar erkannte, dass ein ausreichend großes deutsches Zentralregister für Knochenmarkspender die Voraussetzung dafür ist, dass diese Form der

Therapie für die Mehrzahl der Leukämiepatienten
erreichbar werden könnte. 1990/1991, als die Kno-
chenmarkspende in Deutschland, nicht zuletzt durch
Mittel der Bundesregierung, so richtig Fahrt auf-
nahm, waren wir hier organisatorisch schon so gut
aufgestellt, dass unser Bundesgesundheitsministe-
rium nicht zögerte, den Auftrag für das Zentrale
Knochenmarkspender-Register Deutschland (ZKRD)
an die Arbeitsgruppe Goldmann nach Ulm zu geben.
Das war damals eine – zumindest in Deutschland –
unpopuläre, weil sehr teure Idee, für die sich nur
wenige begeisterte Mitstreiter fanden, darunter die
Familie Morsch in Birkenfeld [...].

Stefan Morsch war ein Patient, den die Ärzte nicht retten konnten. Er erkrankte im Alter von 15 Jahren an Leukämie. Mein Vater hatte dazu beigetragen, für den Jugendlichen einen Spender zu finden. Am 31. Juli 1984 wurde Stefan Morsch in den USA das Knochenmark eines nicht mit ihm verwandten Spenders transplantiert, doch der 17-Jährige starb am 17. Dezember 1984 an einer Lungenentzündung. Sein Vater Emil Morsch gründete 1986 die Stefan-Morsch-Stiftung, die sich bis heute für die Typisierung von Stammzellspendern für Blutkrebs-Patienten einsetzt.

Im Arbeitszimmer meines Vaters habe ich seinen Kondolenzbrief an die Eltern von Stefan Morsch gefunden. Am 19. Dezember 1984 schrieb Shraga Goldmann:

Liebe Frau Morsch, lieber Herr Morsch, [...] obwohl ich
mehrfach mit dem Tod von eigenen engen Verwand-
ten, Freunden und Patienten konfrontiert wurde,

habe ich bis heute nicht gelernt, das Ableben von jungen Menschen einfach zu akzeptieren. [...] Sie sind einen tatkräftigen, mutigen und ungewöhnlichen Weg gegen alle Widerstände gegangen, um eine Heilung Ihres todkranken Sohnes herbeizuführen. Obwohl durch Ihre Aktivitäten alles Menschenmögliche in Gang gesetzt wurde, konnte das Leben Ihres Sohnes Stefan nicht verlängert werden. [...]

In der menschlichen Gemeinschaft ist es ein Naturgesetz, dass Kinder ihre Eltern begraben. Es ist ein trauervoller Vorgang, aber verständlich, da wir Menschen nicht ewig leben können. Daß Eltern ihr Kind begraben müssen, lässt uns trotz Kenntnis der Begleitumstände fassungslos. Ihr Sohn bleibt für Sie immer unersetzbar. Vielleicht ist es für Sie ein Trost, daß Sie die Frage der nichtverwandten Knochenmarkstransplantation ins Rampenlicht der Öffentlichkeit gehoben haben. Sie haben nicht nur dazu beigetragen, daß die nichtverwandte Knochenmarksspende diskutiert wird, sondern daß die Öffentlichkeit einschließlich aller Ärzte aufgeklärt wurde, daß eine Knochenmarkstransplantation ein Heilverfahren für Leukämiepatienten ist.

1989, fünf Jahre nach dem Tod von Stefan Morsch, begann mein Vater gemeinsam mit seinem Kollegen Müller, die Daten freiwilliger Spender von Blutbanken aus ganz Deutschland in anonymisierter Form zu sammeln. Sie entwickelten eine Datenbank und ein Computerprogramm und kooperierten mit internationalen Registern. 1991 stieg der Umfang der Datenbank auf fast 50.000 Profile. Ein

Jahr später, am 15. Dezember 1992, wurde in Ulm das Zentrale Knochenmarkspender-Register Deutschland (ZKRD) feierlich eingeweiht. Ich war nicht dabei, weil ich in Jerusalem studierte – zu sehr mit meinem eigenen Leben beschäftigt, um zu erkennen, welche Bedeutung dieser Schritt für meinen Vater hatte.

Zum Festakt schrieb der Ulmer Oberbürgermeister Ivo Gönner: „Die Einrichtung eines Zentralregisters ist zunächst einmal eine mehr als gute Nachricht für zahlreiche Patienten mit Leukämie, Knochenmarkversagen, angeborenen schweren Immundefekten oder anderen Bluterkrankungen, denen nur noch eine Knochenmarkspende helfen kann. Wie sehr ein solches Register fehlte, konnten auch wir Laien in der Vergangenheit miterleben, wenn über die Medien für Akutpatienten, zumeist Kinder, nach geeigneten Spendern gesucht wurde. Das Problem wird immer drängender, je mehr die Familiengröße zurückgeht, die Zahl der Geschwister und damit eventuell möglicher, gewebeverträglicher Spender abnimmt."

Ärztlicher Leiter und Geschäftsführer des ZKRD wurde Carlheinz Müller, der als Arzt, Mathematiker und Computerexperte alle Voraussetzungen dafür besaß. Dass das Register in Ulm angegliedert wurde, war nicht selbstverständlich, wie Müller, der die Einrichtung bis Juli 2020 leitete, in seiner Trauerrede unterstrich.

Damit erblickte Shragas größtes berufliches Baby endlich das Licht der Welt. Das war ein großer Erfolg für ihn nach dem jahrelangen, unermüdlichen Bohren dicker, harter Bretter. [...] Dass die Macht der Umstände dann mir den weiteren Aufbau des Knochen-

markspenderregisters übertrug, um nicht zu sagen:
auferlegte, hat unser Verhältnis nie getrübt.

Carlheinz Müller hat meinen Vater bis kurz vor dem Ende im Annastift besucht – auch, als der Kranke kaum noch sprechen konnte. Wie tief die Verbindung zwischen den beiden war, habe ich erst bei der *Schiwa* im Haus meiner Eltern verstanden, einige Tage nach der Grabrede des Kollegen auf dem Ulmer Friedhof.

Ich selbst, wir alle, seine Mitarbeiter, Schüler und Kollegen haben unendlich von ihm profitiert, von seinem objektiven Scharfsinn, von seinem wissenschaftlichen und politischen Spürsinn und seinem wohlwollend-mitfühlenden Eingehen auf jeden Mitmenschen. [...] Shragas Stärke waren nicht so sehr die schicken Plenarvorträge, die großen Wissenschaftsshows, sondern mehr die akribische Forschung und der scharfsinnige, wissenschaftliche Diskurs, der irgendwann in die langen Abende überging. Dann wurde er zum amüsanten Unterhalter, ja Alleinunterhalter, mit einem endlosen Schatz von Rabbi-Witzen und Anekdoten, die er in seiner unnachahmlichen Variante der deutschen Sprache mit zum Besten gab. [...]

Ich hätte damals nicht die Worte für das Gefühl finden können, das sein Freund in der Grabrede ausgedrückt hat.

Wir vermissen ihn. Wir vermissen ihn genau genommen schon länger, aber jetzt intensiver, bewusster, schmerzlicher, ob der unabweislichen Endgültigkeit.

[...] Ich möchte ihm noch ein letztes Mal meine tief empfundene Dankbarkeit ausdrücken für alles, was er mir gegeben und für mich getan hat. Ich tue dies hier deutlicher und klarer, als ich es ihm wohl jemals selbst zu sagen imstande war. Und ich tue dies stellvertretend für viele hier, die ebenso empfinden. Diese Dankbarkeit in uns sollte stärker sein als die Trauer. Und sie beinhaltet für uns die Verpflichtung, seinen Geist weiterzuleben und seine Ideen weiterzutragen. Der indische Weise Shri Ram Chandra sagte seinen Schülern: „Wir sollten versuchen, die Welt in einem besseren Zustand zu verlassen, als wir sie vorgefunden haben. Dann bekommt unser Leben Gewicht." Betrachtet man Shragas Lebenskreis, sein persönliches Umfeld und sein wissenschaftliches-fachliches Erbe, dann sieht man: Sein Leben hatte verdammt viel Gewicht.

1989 wurde mein Vater außerplanmäßiger Professor für Transfusionsmedizin an der Universität Ulm. Bis zu seiner Pensionierung leitete er die Abteilung Transplantationsimmunologie und pendelte von 1992 bis 1999 zusätzlich nach Mannheim, wo er kommissarisch die DRK-Blutspendezentrale leitete. Seine Mitarbeiter in Ulm organisierten ihm im September 2002 – gleichzeitig mit einem Symposium zum zehnten Gründungsjubiläum des Zentralen Knochenmarkspenderregisters – einen glänzenden Abschied. Im Hörsaal spielte die Klezmergruppe „Sing your Soul". Es klingt wie ein Klischee. Aber ich kann mich gut an die Klarinettistin erinnern. Sie hieß Susanne Ortner und spielte wunderschön.

Mein Vater behielt sein Arbeitszimmer in der Universität auf dem Eselsberg und blieb wissenschaftlicher Berater des ZKRD. Trotzdem fiel es ihm schwer, sich an das Leben als Rentner zu gewöhnen. Er fuhr viel Fahrrad. Er arbeitete im Garten und pflanzte einen Mandelbaum, der bis heute jedes Jahr blüht. Und als er nach einem Sturz von der Kellertreppe im Dezember 2008 nicht mehr gut stehen konnte und seine Rückenschmerzen schlimmer wurden, setzte er sich im Frühling mit einem Hocker auf den Rasen, um die Rosen zu schneiden.

Wir gingen bei meinen Besuchen in Ulm nicht mehr zum Wochenmarkt auf dem Münsterplatz, dafür zu REWE auf dem Eselsberg. Mein Vater, der Sohn des Lebensmittelhändlers, wählte Obst und Gemüse sorgfältig und verglich die Preise. Er entdeckte sofort, wenn etwas nicht frisch war.

Auf seinem Computer, den er kurz nach seiner Pensionierung gekauft hatte, zogen bunte Fische ihre Bahnen. Aber er mochte das Gerät nicht, schrieb ungern E-Mails und hat sich auch nie mit Mobiltelefonen angefreundet. Im Zweifelsfall war er nicht erreichbar, weil er vergaß, sein Handy einzuschalten. Einmal rief ich kurz nach seiner Pensionierung auf dem Festnetz an und fragte: „Was machst du?" „Ich schaue auf den Bildschirm", sagte er lakonisch. „Aus der rechten Ecke von unten kommt gerade das Seepferdchen angeschwommen."

Ein Jahr nach dem Beginn seiner Rente war er 2003 zu einem Vortrag mit anschließendem Publikumsgespräch im „Haus der Begegnung" der evangelischen Kirche in Ulm eingeladen. Es rührt mich, wenn ich das Konzept in seiner kindlichen lateinischen Schrift lese, die Notizen, die er sich zum Thema „Jude in Deutschland" gemacht hat.

Schreiben hatte er als Kind in Israel zuerst auf Hebräisch gelernt – von rechts nach links.

Da ich knapp dreijährig 1938 aus Deutschland herauskam, habe ich glücklicherweise im Gegensatz zu meinen Eltern und Geschwistern keine Erinnerung an persönliche Demütigung, Unterdrückung oder Verfolgung in Nazi-Deutschland", schrieb er über die Vergangenheit. *„Infolge der damals herrschenden antisemitischen Bestimmungen des Nazi-Regimes wurden meine Geschwister aus den deutschen Schulen verbannt und zwangsweise in jüdische Schulen eingewiesen.*

Zur Gegenwart, zu seinem Leben in Ulm hielt er fest: *„Antisemitismus haben wir persönlich nicht erlebt. Eventuell wegen unserer sozialen Rolle."* Aber er schrieb auch:

Bereits im ersten Golfkrieg, aber besonders nach Beginn der 2. Intifada im September 2000 merken wir jetzt deutlich, dass Antisemitismus wieder hoffähig ist. Dies drückt sich nicht nur aus in den Äußerungen von FDP-Vize Möllemann und Martin Hohmann [...], sondern auch in folgenden Meinungsäußerungen und Gleichsetzungen:

1. Israel-Regierung = Nazi-Greueltaten
2. Kollektiv-Schuld aller Juden an Palästinenser-Schicksal
3. Doppelmoral – Falsche Vergleiche zwischen israelischer Politik und a) Putins „Genozid" in Tschetsche-

nien b) Ermordung der Christen im Sudan c) Todes-
urteile/Organspenden in China
4. Benutzung antisemitischer Stereotypen wie in
der TV-Sendung mit Schimanski am letzten Sonntag:
Beschneidung = Potenzsteigerung = sexuelle Macht,
Juden = Geld, Israelischer Geheimdienst = Mord.

Mein Vater zitierte auch eine EU-Studie, die

> *20 Prozent Antisemitismus in Europa feststellte.*
Diese Ergebnisse wollte die EU verschweigen.

Außerdem erwähnte er islamistische Gruppen, die mörde-
risch gegen Juden, jüdische Schulen und Synagogen vor-
gingen. Zum Schluss schrieb er:

Ich möchte hier meine Aussagen beenden. Nochmals,
meine Frau, meine Kinder und ich leben gerne in
Deutschland. Einer unserer besten Freunde ist der
Pfarrer Dietrich, der jahrelang das ,Haus der Begeg-
nung' leitete. Bitte seien Sie nicht scheu, Sie können
alles fragen. Auf eine rege Diskussion freue ich mich.
Danke fürs Zuhören!

***

Mein Vater hat mir einmal erzählt, das Ides seinen Schul-
freund Gideon Lomnitz zum Pessachseder in Haifa eingeladen hatte – nicht aber dessen Mutter, eine Christin. „So
war das", sagte mein Vater über Ides, ohne seine Mutter zu
verurteilen. Er fügte hinzu: „Als sie in Warschau aufwuchs,

hat sie die Christen um ihre Feste beneidet. Sie war nie zu Weihnachten eingeladen. Nie zu Ostern. Und die Juden haben keine Christen eingeladen. So war das."

Trotz dieser Abgrenzung, die Ides vermittelte, wurde ihre zweitälteste Tochter abtrünnig: Meine Tante Annie heiratete gegen den Willen ihrer Eltern einen Christen, den sie in Palästina vor der Gründung des Staates Israel kennengelernt hatte. Später ging sie mit ihm nach London. In unserer Familie kursierte die Geschichte, Mottel und Ides hätten nach Annies Hochzeit um sie getrauert. Sogar Schiwa gesessen, wie bei den Ultraorthodoxen. Aber mein Vater, der immer den Kontakt zu seiner Schwester in London gehalten hat, rückte die Geschichte im Interview mit meinem Großcousin Omry zurecht:

Er [Peter] arbeitete bei der Barkleys Bank. Er war Russe, sehr konservativ. Annie hat immer erzählt, dass unser Vater, als er erfuhr, dass sie mit einem christlich-orthodoxen Russen verheiratet war, keinen Kontakt mehr zu ihr wollte. Aber diese Geschichte stimmte nicht. Ich habe das erst erfahren, als ich darüber mit Peter sprach. Denn eines Tages wurde ein Treffen in Haifa festgesetzt, dort hatten meine Schwester Dina und ihr Mann Natan-El den größten Laden der Stadt, haben sie jedenfalls behauptet. Annie hat immer erzählt, dass der Vater zu diesem Treffen nicht gekommen war. Aber als ich einmal in London war und mit Annie und Peter darüber sprach, sagte ich: „Ich habe eine Deutsche geheiratet. Wo ist denn der Unterschied?" Und dann sagte Peter: „Du hast Recht. Der Vater war bei dem Treffen, und auch Annie war da. Aber sie hat nicht gewagt, das Wort an ihn zu richten."

Mein Großvater Mottel missbilligte die Partnerwahl seiner Tochter, aber er hatte Annie trotz ihrer Heirat mit dem Christen nicht verstoßen. Sie war auch nicht für tot erklärt worden. Vergeblich versuchte meine Tante, ihren Mann davon abzubringen, seine Version der Geschichte zu erzählen.

Annie sagte ständig: „Peter, stop it!" Sie ist nicht damit fertig geworden, aber es war ihr Problem. Und er sagte: „I am telling only the truth!"

***

Truth. Mein Vater konnte das „th" nicht richtig aussprechen; sein Akzent war im Englischen hart, wie bei vielen Israelis.

Seine Muttersprache war Jiddisch. Meine Eltern liebten den Volkssänger Theodore Bikel und seine Interpretationen jiddischer Evergreens wie *Di mizinke oysgegebn, Az der rebe zingt* und *Tumbalakyke*: das letzte Lied auf Bikels Platte mit den jiddischen Liedern, die bei uns zu Hause im Regal stand. Mein Einschlaflied als Kind.

Lied Nummer 9 *Hulyet, hulyet kinderlekh* von Mordechai Gebirtig habe ich in den Monaten vor dem Tod meines Vaters ständig gehört. Im Zug von Berlin nach Ulm, auf dem Weg zu meinen Besuchen im *Annastift*. Ich war alle drei Wochen im Pflegeheim, aber es war nicht genug. Ich hätte meinen Vater gerne mehr teilhaben lassen an unserem Leben, nach dem er sich so sehr sehnte. Ich hätte ihm gerne alles zurückgegeben, was er jemals für mich getan hatte, aber seinen größten Wunsch konnte ich ihm nicht erfüllen: Er hoffte bis zum Schluss, wieder nach Hause zu kommen. *Nemt mikh oykh arayn in shpil, Fargint mir oykh dos glik* – nehmt mich auch herein ins Spiel, vergönnt mir auch das Glück:

Mir schien damals, dieses Lied sei nur für meinen Vater geschrieben. Für den alten Mann, der das Leben liebte. *Kukt nisht oyf mayn groyen kop / Tsi shtert dos aykh in shpil? [...] Mayn neshome iz nokh yung / Un geyt fun benkshaft oys. / Akh, vi gern vilt zikh ir fun altn guf aroys:* Schaut nicht auf meinen grauen Kopf, / Stört es euch im Spiel? / Meine Seele ist immer noch jung / und vergeht vor Sehnsucht, / ach, wie gerne wäre ich meinen alten Leib los.

Einmal musste ich ihm im *Annastift* helfen, einen Gegenstand auf dem Tisch zu suchen. Er wusste nicht mehr, was es war, nur: „Es hatte die Farbe Blau." Ich habe versucht, zu raten. Ein Kugelschreiber? Eine Serviette? Ein Glas Wasser? Vielleicht suchte er seine Seele. Und ich konnte sie in seinen Augen noch erkennen, fast bis zum Schluss.

Erst jetzt habe ich einen meiner Briefe wiedergefunden, in dem es um dieses Blau ging. Im Sommer 1991 hatte ich gerade den Ulpan an der Hebräischen Universität Jerusalem absolviert und stand vor dem *Ptor* – der Abschlussprüfung in Hebräisch und Voraussetzung, um reguläre Vorlesungen besuchen zu dürfen. Um mit meinem Iwrit anzugeben, schickte ich meinem Vater aus meinem Studentenwohnheim in Givat Ram – den heruntergekommenen

Shikunei Ha-Elef, in denen ständig Wasser aus Duschen und Toiletten in den Gängen stand – einen Brief. Drei Seiten voller geschnörkelter hebräischer Redewendungen aus Jerusalem nach Ulm. „Shraga ha-Jakar", schrieb ich, „Teurer Shraga!"

Ich schrieb ihm nicht, dass ich Heimweh hatte. Dass ich mich an der Hebräischen Universität in Jerusalem nicht wohlfühlte, dass mir der Skopusberg wie eine Festung erschien, dass ich mich nach Berlin sehnte, meinem ersten Studienort, den Diskussionen auf dem grünen Rasen, dem Studentenleben in Dahlem, meiner bequemen Einzimmerwohnung in Charlottenburg. All das hätte ich nie zugegeben. Weil ich nicht am Leben wäre ohne die Zionisten in der Meinekestraße, die meinen Großeltern das Zertifikat für Palästina ausgestellt hatten. Weil ich überzeugt war, dass Juden in Israel unter anderen Juden glücklich zu sein hätten. Was für eine Freude, endlich nicht mehr in der Minderheit und ohne Identitätsprobleme! Wer sich trotzdem nicht gut fühlte – also ich – war nicht gut genug für das Land, das unsere Familie gerettet hatte.

Nur zwischen den Zeilen ließ ich meine Gefühle durchschimmern. Ich kritisierte den damaligen israelischen Regierungschef Yizchak Shamir und seine Haltung gegenüber den USA. Ich schrieb: „Die Leute sind hier sehr stur und finden sich sehr wichtig. Warum glauben sie eigentlich, Israel sei das Zentrum der Welt? Was wollen sie machen, wenn die Amerikaner das irgendwann nicht mehr so sehen?" Und ich fragte meinen Vater: „Ist es wirklich wahr, was Rudi über dich erzählt hat? Du bist als Student nach Deutschland gekommen, in ein fremdes Land, Du kanntest die Sprache nicht – und es hat Dir gar nichts ausgemacht?"

In dem Brief prahlte ich mit meiner Lektüre von *Der Arzt und seine Geschiedene*, eine der berühmtesten Kurzgeschichten des hebräischen Nobelpreisträgers Samuel Joseph Agnon. Ich schrieb meinem Vater nicht, wie sehr ich die Geschichte in Wahrheit hasste. Sie erzählt von einer Krankenschwester und ihrer Beziehung zu einem Arzt. Alle liebten die Schwester: „Außer ihrem Lächeln waren es vor allem ihre Augen, in denen sich tiefes Blau mit Schwarz vermischte, die jedem, der sie ansah, das Gefühl gaben, als sei er der wichtigste auf der Welt:"

Ich hatte das Gefühl, dass dieser Satz meinen Vater beschrieb, aber nicht mich. Obwohl ich seine Augenfarbe geerbt habe, *Tekhelet Shachor*, Blauschwarz. Nur leider ähnelte ich, so empfand ich es 1991 in Jerusalem, nicht der Krankenschwester, sondern dem Arzt in Agnons Geschichte, der sein Glück nicht ertragen konnte.

Ich habe mich oft gefragt, warum ich meinem Vater so ähnlich sehe, aber wir so unterschiedliche Charaktere sind; warum ihn oft eher bewunderte, als mich ihm nah zu fühlen. Heute denke ich, dass dieser Vergleich noch nie Sinn hatte. Mein Vater hat mich sehr geliebt und war glücklich, wenn ich es war.

Bei meiner Hochzeit im November 2008 in Berlin – ich habe einen Christen geheiratet, so wie meine Tante Annie – konnte er nicht mit mir tanzen. Schon damals litt er unter starken Schmerzen. Aber er hat sich mit mir gefreut. Mit uns. Und ich sehe seine strahlenden blauen Augen noch vor mir.

„Genieß das Leben", hat mein Vater mir immer gesagt. Wie in dem Lied von Gebirtig, das ich auf dem Weg zum *Annastift* immer wieder gehört habe: *Hulyet, hulyet kinder-*

lekh, / Kol-zman ir zent nokh yung, / Vayl fun friling biz tsum vinter / iz a katsn-shprung. Tobt euch aus, Kinder, / so lang ihr noch jung seid. / Denn vom Frühling bis zum Winter / ist es nur ein Katzensprung.

***

2003 bin ich mit meinen Eltern nach Krakau gefahren, zum jüdischen Kulturfestival, und habe den Sänger Theodore Bikel, der dort auftrat, für eine Radiosendung interviewt. Aber als Kind war mir Jiddisch peinlich. Vielleicht wollte ich, wie meine Tante Esther, keine Ostjüdin sein.

Einmal sang mein Vater, als ich etwa zehn war, im Kinderzimmer das Lied, das ich von einer Platte des „Zupfgeigenhansel" kannte: *Tsen brider* (Zehn Brüder). Ich fand meinen Vater sentimental und das Lied ätzend. Ich wollte, dass er aufhörte zu singen.

Der jiddische Text von *Tsen brider* wurde 1901 in Russland veröffentlicht – und 1911 erstmals mit Noten in einem deutschen Verlag. Aber für mich muss das Lied nach Warschau geklungen haben, obwohl ich mir der Geschichte unserer Familie noch nicht bewusst war. Denn am Ende stand der Hungertod: *Tsvey brider zaynen mir gevezn / Hobn mir gehandlt mit beyner / Eyner iz geshtorbn / Iz geblibn eyner. / Eyn bruder bin ikh mir gevesn / Hob ikh gehandlt mit likht / Shtarbn tu ikh yedn tog / Vayl esn hob ikh nisht –* Zwei Brüder sind wir gewesen / wir haben mit Knochen gehandelt / einer von uns ist gestorben / einer ist übriggeblieben. / Ein Bruder bin ich geblieben / Ich habe gehandelt mit Licht / Ich sterbe jeden Tag / Weil ich nichts zu essen habe.

OŚWIĘCIM

Meine Mutter hat sich mit dem Nationalsozialismus auseinandergesetzt, seitdem ich denken kann. In ihren Regalen stehen hunderte von Büchern über die Schoa. Bücher mit schwarzem Einband, eines hieß nur *Hitler*. Darin und in anderen las ich heimlich als Kind, verstand kein Wort und hatte hinterher ein schlechtes Gewissen, weil ich wusste, dass die Bücher für mich verboten waren. An ein Buch erinnere ich mich genau. Es stammte von dem ehemaligen KZ-Häftling Wieslaw Kieler: *Anus Mundi – Fünf Jahre Auschwitz*. Ich war acht Jahre alt und hätte im Nachhinein viel darum gegeben, es nicht gelesen zu haben.

***

Es war die Idee meiner Mutter: 1986 reisten meine Eltern zum ersten Mal in die Gedenkstätte des deutschen Konzentrationslagers Auschwitz-Birkenau. Der Mangel an allem, den sie in der polnischen Stadt Oświęcim sah, veranlasste meine Mutter zu einer privaten Hilfsaktion: In den späten Achtziger- und frühen Neunzigerjahren fuhr sie immer wieder mit einem voll beladenen Auto des Deutschen Roten Kreuzes, das mein Vater organisiert hatte, nach Polen und brachte Medikamente, die sie in Ulm gesammelt hatte, ins Krankenhaus – und *Ravensburger Spiele* in den Kindergarten von Oświęcim.

Bei einer dieser Reisen, es war 1987, zeigte Jan Parcer, damals Leiter der EDV-Abteilung in der Gedenkstätte Auschwitz-Birkenau, meiner Mutter in einem Block im Stammlager Kunst, die von Gefangenen hergestellt worden war. Darunter Bilder von Franciszek Targosz, der im Lager des Auschwitz-Kommandanten Rudolf Höss beim Zeichnen von Pferden und Schlachtszenen entdeckt worden war. Targosz hatte geschickt die Schwäche von Höss für Tiere genutzt, um die Situation der Häftlinge zu verbessern. Im Oktober 1941 wurde in Auschwitz ein Lagermuseum eingerichtet. Dadurch entstand die Möglichkeit, auch illegale Lagerkunst der Häftlinge zu sammeln. Aber diese Kunst lagerte bis Ende der Achtzigerjahre fernab der Öffentlichkeit in der Gedenkstätte.

Meine Mutter sah die Bilder von Jerzy Adam Brandhuber, Jacek Dabrowski, Wincenty Gawron, Dinah Gottliebová-Babbit, Mieczysław Kościelniak, Janina Tollik, Leon Turalski und anderen, die mit Bleistift, Tusche und Radierungen den Alltag in Auschwitz festgehalten hatten. Sie war elektrisiert, organisierte Spender und veranstaltete zusammen mit ihrer Freundin, der Künstlerin Myrah Adams, im Oktober 1989 in Ulm eine Ausstellung mit dieser Kunst. Es war die erste Schau dieser Bilder in Deutschland, es erschien auch ein Katalog unter dem Titel *Kunst zum Überleben – gezeichnet in Auschwitz*, herausgegeben vom Verband Bildender Künstler Württemberg. Die Bilder wurden anschließend in West-Berlin in der Staatsbibliothek und 1990 im ehemaligen sowjetischen Militärmuseum in Treptow in Ost-Berlin gezeigt. Der damalige Vorsitzende von

Aktion Sühnezeichen, Dietrich Goldschmidt, und der Präsident des Internationalen Auschwitzkomitees Maurice Goldstein eröffneten die Ausstellung. Später wurde sie auch in Amsterdam präsentiert.

Mehr als 20 Jahre später, im Jahr 2011, wurde meine Mutter in Ulm für ihr Engagement mit dem Bundesverdienstkreuz ausgezeichnet. Aber erst aus Omrys Interview mit meinem Vater habe ich erfahren, dass meine Eltern schon 1991 zu Ehrenbürgern von Oświęcim ernannt worden waren. „Wir haben das in Israel lieber nicht erzählt", sagte mein Vater und lachte, und Omry, der Israeli, stimmte ihm zu: „Das hätte sich nicht so gut angehört."

In den Achtzigerjahren wurde die Schoa bei uns zu Hause so präsent, dass ich begann, total zu blocken. Ich konnte das alles nicht mehr hören, die schrecklichen Geschichten, die damaligen Auseinandersetzungen in der Gedenkstätte. Beim Stichwort Auschwitz sagte ich sofort: „Keine Gespräche über KZs!" Romane wollte ich nur noch lesen, wenn keine Juden oder Nazis darin vorkamen. Ich hatte nicht viel Erfolg mit dieser Haltung. Aber ich wollte finden, was jüngere Juden in Deutschland bis heute suchen: eine „positive jüdische Identität".

Als ich 1991 nach Jerusalem zog, lernten meine Eltern Israel Gutman kennen, einen Auschwitz-Überlebenden, der während des Aufstands im Warschauer Ghetto beim Kampf gegen einen Deutschen ein Auge verloren hatte. Später wurde er Professor für jüdische Geschichte und arbeitete in der israelischen Holocaust-Gedenkstätte Yad Vashem in Jerusalem. Ein Teil der Bilder aus Auschwitz wurde, nachdem er den Katalog der Ausstellung gesehen hatte, auch in Yad Vashem präsentiert. Als meine Eltern ihn das erste Mal dort trafen, zeigte sich, dass der freundliche Israel Gutman ein ähnliches Temperament hatte wie mein Vater, der sich so an das Gespräch erinnerte:

Ich sprach mit ihm Hebräisch, und Sibylle sprach mit ihm Englisch. Aber plötzlich begann er, mit uns beiden Deutsch zu reden. Seine Sekretärin sagte auf Hebräisch: „Professor Gutman, sie haben doch geschworen, nie wieder Deutsch zu sprechen." Da schrie er sie auf Deutsch an: „Raus!"

Ich habe Israel Gutman einmal für eine Radiosendung (*Schabbat Schalom* im NDR) interviewt und seine Einstellung sehr bewundert. Er war bescheiden, er zeigte keinen Hochmut gegenüber denjenigen, die nicht gegen die Besatzer gekämpft hatten. Als der Aufstand im Warschauer Ghetto begann, war er 19 Jahre alt. „Wir waren jung. Wir hatten nichts zu verlieren. Vielleicht hätte ich mich dem Kampf nicht angeschlossen, wenn ich damals schon Familie gehabt hätte", sagte Gutman.

Über diesen Kontakt bekam ich im Herbst 1993 einen Studentenjob in der Gedenkstätte Yad Vashem. Aber ich schmiss ihn nach wenigen Wochen. Ich war wegen meiner Deutschkenntnisse eingestellt worden und wurde mit 18 Schekeln pro Stunde bezahlt – sechs Schekel mehr als der übliche Studentenlohn.

Mein erster Auftrag war das Vorsortieren von Aktenkopien aus Gerichtsprozessen. Der Job frustrierte mich. Ich hasste es vor allem, die Zeugenaussagen aus dem Majdanek-Prozess zu katalogisieren. Alle Angeklagten waren freigesprochen worden, ich fand das absurd. Ich sah auch keinen Sinn darin, die polnischen Namen der Tatorte von Massenerschießungen ins Hebräische zu übertragen, in ein Alphabet, das nur 22 Buchstaben hat. Ich habe nie verstanden, wie man die Ortsnamen richtig transkribiert und ich kann mich auch nicht daran erinnern, ob es mir jemals erklärt wurde.

Einmal gab ich irgendeine Massenerschießung an Chanukka in irgendeinem polnischen Schtetl in die altmodischen Computer ein, die ständig abstürzten. Ich benutzte den hebräischen Buchstaben *Kuf*. Aber „Chanukka" schreibt sich mit *Kaf*. Ein israelischer Student lachte mich aus, als er den Fehler einige Wochen später entdeckte. Chanukka mit *Kuf* bedeute nicht das Lichterfest, sondern „Erwürgen", klärte er mich auf und machte eine entsprechende Handbewegung. Ich fühlte mich fehl am Platz und fand die Atmosphäre in der *Martyrs' and Heroes' Remembrance Authority*, der „Märtyrerbehörde", wie ich sie für mich nannte, erdrückend.

Also setze ich mich in eine Ecke und las demonstrativ *Eichmann in Jerusalem* von Hannah Arendt, um deutlich zu machen, dass ich die Arbeit stupide fand. Das wirkte: Mein Gehalt wurde von 18 auf die üblichen 12 Schekel pro Stunde gesenkt, und ich hatte endlich einen Grund, zu kündigen. Danach war ich wieder um Abstand bemüht zu allem, was mit der Schoa zu tun hatte. Ich habe ihn so gut ich konnte gewahrt, bis mein Vater starb. Und anders als meine Schwester bin ich nie zusammen mit meinen Eltern nach Oświęcim gefahren.

***

Dezember 2019: Angela Merkel besucht das erste Mal in ihrer Amtszeit als Bundeskanzlerin die Gedenkstätte Auschwitz-Birkenau. Ich zögere, als ich erfahre, dass es die Möglichkeit gibt, den Besuch als Journalistin der *Jüdischen Allgemeinen* zu begleiten. Dann entscheide ich mich dafür. Es ist meine Gelegenheit, etwas nachzuholen. Und ich habe eine Aufgabe: die Arbeit wird mich ablenken.

Ich weiß, dass Max Barta, der Bruder meines angeheirateten Onkels Rudi, 1944 in Auschwitz-Birkenau ermordet wurde. Aber ich habe – jedenfalls soweit mir bekannt ist – in diesem Vernichtungslager keine Blutsverwandten verloren.

Als uns die Mitarbeiterin der deutschen Botschaft im Shuttle-Bus vom Flughafen Katowice nach Oświęcim das Besuchsprogramm in der Gedenkstätte erläutert, wird mir für einen Moment schlecht. Merkel besucht die Baracke, in der Brillen, Haarberge der Ermordeten und leere Zyklon-B-Kanister ausgestellt sind. Wir begleiten den Besuch aus sicherer Entfernung, wir stehen auf festgelegten Positionen. Als Journalistin sollte ich nicht so denken, aber ich bin froh, dass ich mir die Baracke nicht von innen ansehen muss. Ich will diese Bilder nicht in meinem Kopf.

Am Schluss des Besuchs laufen wir die Gleise in Birkenau entlang, von der Rampe bis zu dem großen Tor über der Bahnanlage, von dem ich bis dahin dachte – das wollte ich wohl glauben –, dass es gesprengt wurde. Dass es nur auf Fotos existiert. Aber das Tor ist noch da. Daneben steht ein Schild mit einem Bild von Menschen, die selektiert werden. Ich schaue weg, um nicht über Max nachzudenken. Den einzigen Menschen aus unserer Familie außer Tauba Agajster, dessen tödliches Schicksal dokumentiert ist.

Max Barta, 1920 in Berlin geboren, war Rudis jüngerer Bruder. Auf einem Bild sieht man, dass er meinem Onkel, Jahrgang 1914, sehr ähnelte: die gleiche große Nase, das gleiche Gesicht. Wie Rudi war auch Max in der zionistischen Bewegung aktiv. Vor den Nazis floh er in die Niederlande, begab sich auf *Einzel-Hachschara* in einem Bauernhof. Der Bauer versteckte Max vor den Nazis, aber schließlich spürten die Verfolger ihn auf. Auf seinem Stolperstein in Berlin-Friedrichshain steht: Deportiert 7.9.1942 Kamp Westerbork. Auschwitz, ermordet 27.2.1944. Nach dem Krieg hatte Rudi seinen Bruder gesucht, aber 1950 lediglich eine Bestätigung erhalten, dass Max in Birkenau gewesen war. 1992 fand meine Mutter in der Gedenkstätte Auschwitz-Birkenau das genaue Datum heraus, an dem Max Barta im Alter von 23 Jahren ermordet wurde.

Es gibt noch eine Postkarte aus Auschwitz von 1942 von Max an seine Eltern in Ungarn, übermittelt vom Internationalen Roten Kreuz. Er arbeite im Pferdestall, es gehe ihm gut, schrieb der junge Mann. Dreieinhalb Jahre vor seinem Tod, im Herbst 1940, schickte er aus seinem Versteck in den Niederlanden einen verzweifelten Brief an seinen Bruder Rudi in Palästina. Max' Brief habe ich zum ersten Mal 2007 in der Ausstellung *Ungeschützt 1933–1945* gelesen – im Atelier Tornado in der Berliner Sonntagsstraße 29, wo damals Stolpersteine verlegt wurden. Zwei junge Künstler setzten sich mit der Geschichte des Hauses und seiner ehemaligen Bewohner auseinander. Rudi war damals 93, und sein Arzt in Israel verbot ihm, nach Berlin zu fliegen. Doch in der Ausstellung konnte man seine Stimme auf Audioaufzeichnungen hören, und zur Stolpersteinverlegung wurde er per Webcam zugeschaltet.

Zwölf Jahre später erinnere ich mich neben den Gleisen von Auschwitz-Birkenau an den eindringlichen Brief seines Bruders Max.

22.9.1940

Lieber Rudi – Nachdem ein Brief von Dir verlorengegangen ist, habe ich nun heute, nach langer Zeit wieder einmal Nachricht von Dir erhalten. Es ist unnötig zu betonen, wie sehr ich mich darüber gefreut habe, erstens von Dir und Esther zu hören, die Gewissheit zu haben, dass es Euch gut geht, und zweitens ein Brief aus dem Lande, das ist hier keine Kleinigkeit; und wenn Du auch herzlich wenig über die augenblickliche Situation schreibst, was uns gerade am meisten interessieren würde (ich sehe daran, dass Ihr Euch überhaupt nicht mehr in unsere Lage versetzen könnt, in der man hungrig ist über jeden Bericht aus dem Lande.)

Vielmehr gibst Du nur einige gut gemeinte Ratschläge, die mich sehr vor den Kopf geschlagen haben, nicht etwa, weil ich sie zu ersten Mal höre, nein, sondern weil ich sie aus Deinem Mund (genauer gesagt, aus Deiner Feder!) zum ersten Mal höre.

Zuerst einmal muss ich aus Deinem Brief ersehen, dass Du und Esther den Kibbuz verlassen habt. Genau vor einem halben Jahr schrieben mir die Euren, dass Ihr auf Urlaub seid. Vielleicht ist es Naivität, aber ich befand mich bis vor einer Stunde hier noch in diesem guten Glauben.

Rudi, Du musst verstehen, ich verlange hier von Dir keine Rechenschaftsberichte, aber ich hätte min-

destens erwartet, erstens, die Mitteilung dieser Tat-
sache und zweitens die Begründung, weil das alles
für mich und vielleicht auch für mein späteres Leben
entscheidend sein kann. – Im Lauf des vergangenen
Jahres machtest Du mir mehrere Male den Vorschlag,
nach Alonim zu kommen. Da damals schon auf eine
Alija-Aussicht keine Hoffnung war, hielt ich es nicht
für nötig, mich festzulegen. Trotzdem habe ich mich
schon oft innerlich darauf eingestellt, einmal mit
Euch dort gemeinsam zu leben. Diese Hoffnung ist
heute zunichte geworden und ich werde mich in Zukunft noch mehr als bisher an die Menschen binden,
mit denen ich zum Teil schon drei Jahre zusammen-
lebe, nämlich mit den Chawerim [...] und denen die
neu in Holland dazugekommen sind. Das ist die Voraussetzung und die Konsequenz zu der Beantwor-
tung der Vorschläge über meine Zukunft:

Du schreibst, vielleicht wird es mir nicht mehr
möglich sein, ins Land zu kommen: Wer weiß, wie die
Zukunft aussehen wird, alles ist doch schleierhaft
und undurchsichtig. Gerade deswegen, Rudi, ist das
für uns hier, die wir in elendiger Ungewissheit leben,
nötig, eine klare Zielstellung vor Augen zu haben.

[...] Was meinen Beruf anbetrifft, Du hast schon
recht, unter normalen Umständen wäre ich kein
„Bauer" geworden, doch bin denn ich der einzige, der
unter dem Druck der Umstände einen Beruf ergreifen
musste, zu dem man sich nicht „berufen" fühlt? Einfach aus der Notwendigkeit des Landes heraus. Und
ich glaube, diese Notwendigkeit besteht heute noch. –
(Gar nicht zu sprechen, dass es aus den verschiedens-

ten Gründen jetzt besser ist, hier auf dem Land zu leben.)

Rudi, ich hoffe Du verstehst mich; nimm uns nicht den letzten Glauben an ein Ziel, das zwar im Augenblick sehr verschwommen erscheint, aber doch keine Unmöglichkeit ist. Unser Leben hier wird sinnlos, wenn wir nicht etwas vor Augen haben, auf das wir hinstreben und -arbeiten können! Nichts ist ausgeschlossen, vielleicht wird die Zukunft noch ungeahnte Möglichkeiten bieten, dann ist es an uns, elastisch zu sein und zu handeln. –

Hier ist im Augenblick (Gott sei Dank!) noch alles beim Alten. Unserer Verwandtschaft geht es geschäftlich noch recht gut, was sich aber schnell ändern kann. Langsam setzt auch unter der Jugend ein Drängen zur Umschichtung und Vorbereitung ein. Vielleicht wird man langsam von der Einzelvorbereitung zur Zentrums- und Kibbuzvorbereitung übergehen.

Das, Rudi, ist für heute alles! Der Brief wird Dich (wenn er Dich überhaupt erreicht) zwar erst nach Neujahr erreichen. Trotzdem, Dir und Esther für das kommende Jahr Glück und Segen, vielleicht geht es wieder mal bergauf.

Viele herzliche Grüße und Küsse an Euch von Eurem Max

Der junge Briefautor konnte nicht begreifen, wieso sein Bruder Rudi, der zu den ersten Bewohnern des im Juni 1938 gegründeten Kibbuz Alonim im Jesreel-Tal gehört hatte, der Arbeit in der Landwirtschaft so schnell wieder den Rücken kehrte. Aber das sozialistische Gemeinschaftsleben in Palästina war alles andere als ein Traum. Wahrscheinlich hat Rudi seinem Bruder nie geschrieben, dass Esther sich sehr empört hatte, als sie einmal nach einem Wochenende bei ihren Eltern in Haifa nach Alonim zurückkehrte. Ihr Zelt im Kibbuz stand unter Wasser, und niemand hatte sich die Mühe gemacht, es für das junge Paar zu trocknen.

Rudi arbeitete zu dieser Zeit in einem Steinbruch in der Nähe in Nesher, um Geld zu verdienen. „Ein Jahr Hölle", schrieb er in seinen Erinnerungen. Im Steinbruch gab es einen Vorarbeiter namens Gurfinkel, der die Mitarbeiter schikanierte. Rudi hat mir in allen Details erzählt, wie sehr er Gurfinkel hasste. Er hätte ihn am liebsten mit einem großen Stein erschlagen. Aber das war nicht, was Max Barta, 20 Jahre alt, in seinem Versteck in den Niederlanden hören wollte oder hätte verkraften können.

In Rudis Bücherregal in Ramat Hasharon stand in den Neunzigerjahren ein Foto von Max. Als ich einmal versuchte, mit meinem Onkel über seinen jüngeren Bruder zu reden, bekam ich nicht zu hören, was ich erwartet hatte. Rudi nannte Daten, Fakten, sprach über seine Rolle in der Jugendbewegung, aber kein Wort über die Beziehung der beiden Brüder, die wegen des Altersunterschieds nicht eng gewesen war. Er sagte nur: „Er war wie ich. Er war genauso wie ich." Ich fragte nach. Er wich aus. Ich bekam kein Gefühl für seinen Verlust. Rudi konnte in dem Gespräch mit mir nicht in den Abgrund schauen. Und ich konnte es auch nicht.

Dania, seine Tochter, hat es einmal versucht: 1986 war sie mit ihren Eltern und ihren Kindern in Belgien im

Urlaub. Während einer Autofahrt schlug sie ihrem Vater vor, über die Grenze in die Niederlande nach Hengelo zu fahren, wo die Nazis Max in seinem Versteck aufgespürt hatten. Rudi war einverstanden. Aber als sich das Auto dem Ort näherte, änderte er seine Meinung. Er sagte: „Ich kann das nicht."

Es gab noch einen älteren Bruder. Dagobert Barta, geboren 1910, wurde als Fünfzehnjähriger in eine Anstalt in Berlin-Buch gebracht, nachdem er seinen Vater, der ihm eine Liebesbeziehung zu der Tochter des Hausmädchens verbot, mit einem Hammer angegriffen hatte. Nach einem Jahr wurde er entlassen und mit der Jugendbewegung *Blauweiß* auf *Hachschara* in Süddeutschland geschickt. „Er kam sehr krank zurück", erinnerte sich Rudi. Dagobert war zusammengeschlagen worden, die genauen Umstände sind nicht bekannt. Man brachte ihn wieder in die Anstalt. 1939 wurde Dagobert Barta wegen seines ungarischen Passes aus Deutschland nach Ungarn ausgewiesen.

Er ist entweder in einem Heim in Ungarn gestorben – oder er wurde in Auschwitz ermordet wie sein Bruder Max. Dagoberts Name erscheint nicht in der Datenbank von Yad Vashem, wo viele der in Auschwitz ermordeten ungarischen Juden gelistet sind. Jeder dritte Jude, der in Auschwitz starb, war Ungar. Aber die Datenbank ist nicht vollständig. Ich habe darauf verzichtet, weiter nach Dagobert zu suchen.

Dagobert, Rudi und Max: Die Eltern gaben ihren Kindern deutsche Namen, erzogen sie assimiliert, bürgerlich und streng. „Vom Judentum haben wir zu Hause nichts gehört", erinnert sich Rudi. Als kleiner Junge sah er Kaiser Wilhelm II. auf einem Pferd durch Berlin reiten. Er ging aufs Gymnasium und nahm Klavierstunden. Dann kam die

Weltwirtschaftskrise. 1929 ging der Krämerladen seines Vaters pleite. Rudi musste die Schule verlassen, das Klavier wurde gepfändet. Er sammelte als Balljunge auf Charlottenburger Tennisplätzen die Bälle der Spieler, um sich ein paar Groschen zu verdienen. In den Dreißigerjahren ging er beim Schuhhaus Leiser in Neukölln in die Lehre. Dann war er nur noch Jude.

„So saßen wir am Mittelmeer und hatten keine Mittel mehr", war einer seiner Lieblingssprüche. Er lernte Xil Federman kennen, den späteren Besitzer der „Dan Hotels", und arbeitete eine Zeitlang für ihn. In Jerusalem kaufte er zusammen mit einem Kompagnon das Hotel „Pax", aus dem er später wieder ausstieg. Ohne dass meine Großeltern es wussten, trafen sich Esther und Rudi regelmäßig mit meiner abtrünnigen Tante Annie und ihrem russisch-orthodoxen Mann Peter, die zu dieser Zeit auch in Jerusalem lebten.

1947 kaufte Rudi das Hotel „Palatin" in Haifa, ohne zu merken, auf welche Geschäfte er sich diesmal einließ. „Die Männer gehen hier aber sehr schnell rein und raus", musste meine Tante Esther feststellen, als sie die vielen englischen Soldaten am Hinterausgang des Hotels bemerkte. „Und die Frauen wohnen in unseren Zimmern!" In einem Film, der zu seinem 100. Geburtstag gedreht wurde, erzählte Rudi: „So wurde ich innerhalb kürzester Zeit Bordellbesitzer." Als die dreijährige Tochter Dania im Bett auch noch ein „Hundi" fand, das in Wirklichkeit eine Ratte war, – die kleine Familie wohnte im obersten Stock –, verkaufte mein Onkel das Stundenhotel umgehend.

Danach arbeitete Rudi wieder für Federman und führte sein Büro, ging später zurück nach Deutschland, war in Frankfurt Angestellter eines Geschäftsmanns, wanderte wieder nach Israel ein und kaufte eine Krawattenfabrik, die kurz nach dem Sechstagekrieg pleiteging, bis er schließlich in Immobilien auf Menorca investierte. Aber sein größter Sieg war es, das 20. Jahrhundert zu überleben. „Guck mal, der fährt zum Massengrab", sagte Esther einmal fröhlich, als bei der Jahrzeit für ihre Schwester Mirjam in Israel ein Lastwagen am Friedhof vorbeifuhr.

Rudi wollte nie über die Möglichkeit sprechen, dass er in Europa geblieben wäre. Anstelle von Dagobert. Anstelle von Max. Ich kannte Rudi nur als den „Macher", den Mann auf der Sonnenseite, der sich immer fröhlich und lebenslustig zeigte. Mit über 90 Jahren heiratete er meine Tante Esther noch einmal. Das war vor laufenden Kameras in einer israelischen TV-Sendung, moderiert von Yair Lapid. Rudi hat die Show sehr genossen: Die Hochzeitsfeier 1938 im koscheren Restaurant Gabel am Hackeschen Markt kurz nach Esthers Ausweisung aus Deutschland war deutlich bescheidener ausgefallen.

Mein Onkel Rudi liebte Auftritte. Als 99-Jähriger spielte er in *Hannahs Reise* von Julia von Heinz eine kleine Rolle – den deutschen Juden Erwin. Der *Jekke*, der in einem israelischen Altersheim lebt, zeigt in dem Film viel Verständnis für junge deutsche Freiwillige in Israel und erlaubt ihnen – unter anderem –, seine Waschmaschine zu benutzen. Für die Regie hatte Rudi weniger Verständnis. Nachdem er den fertigen Film gesehen hatte, beschwerte er sich empört bei mir darüber, dass die Dreharbeiten tagelang gedauert hätten, die Szenen mit ihm aber nur eine Minute, was für eine Frechheit!

Mit 100 Jahren stand er am 16. Juli 2014 im Mittelpunkt einer großen Geburtstagsparty, während Raketen aus Gaza in Israel einschlugen. Es war das letzte Mal, dass ich zusammen mit meinen beiden Eltern nach Israel geflogen bin. Vom Balkon unseres Hotels in Herzliyya sahen wir am Morgen vor der Feier, wie das israelische Abwehrsystem *Iron Dome* am Himmel eine Rakete der Hamas zerstörte. Aber Rudi beeindruckte der Krieg nur mäßig: „Das kenne ich seit 1938. Seit ich in Israel bin", sagte er bei seiner Party.

In der Trommelgruppe seiner Altersresidenz in Nordiyya – in der Nähe von Netanya – gab mein hundertjähriger Onkel damals noch den Ton an. Bis auch seine Kraft nachließ und er sein Häuschen mit Garten aufgeben musste. Rudi Barta starb am 10. Februar 2020 in einem Pflegeheim in Haifa. Er wurde 105 Jahre alt.

Den Begriff der Überlebendenschuld kannte ich, aber ich habe ihn lange nicht verstanden. Bis zu dem Moment, als ich Angela Merkel an dem Ort sprechen hörte, den ich nie besuchen wollte. „Viele fragten sich, warum gerade sie überlebt hatten. Warum nicht die kleine Schwester? Warum nicht der beste Freund?", sagt sie in ihrer Rede in der ehemaligen „Sauna" in Auschwitz-Birkenau, als sie vor den Bildern der Opfer steht. Und ihre Stimme ist dünn und brüchig, als sie fortfährt: „Warum nicht die eigene Mutter oder der Ehemann?"

Ich habe die Kanzlerin noch nie in diesem Tonfall sprechen gehört. Was sie sagt, ist nicht neu. Aber die Art, wie sie es sagt. In diesem Moment weiß ich: Es war richtig, in die Gedenkstätte Auschwitz-Birkenau zu fahren. Ich musste diesen Ort aufsuchen, weil es ihn gibt.

ERBSCHAFTEN

ENTSCHÄDIGUNG

Im Jahr 2010 sprach das Amt für Offene Vermögensfragen in Berlin der Erbengemeinschaft meines Großvaters Mottel, insgesamt elf Personen, eine Gesamtsumme von rund 120.000 Euro als Entschädigung für die 1938 zwangsarisierte Ballschuhfabrik Max und Ignatz Goldmann in Berlin zu.

Schon in den Fünfzigerjahren hatten sich meine Onkel Jaki und Rudi um eine Entschädigung bemüht, aber zu DDR-Zeiten nichts erreicht. Nach Jakis Tod 1992 – er war Diabetiker und starb mit 65 Jahren in Ramat Hasharon an einem Schlaganfall – hatte sein Sohn Dror den Briefwechsel mit den Ämtern weitergeführt. Doch erst 20 Jahre nach der Wiedervereinigung Deutschlands waren alle Formalitäten erledigt und alle Erbscheine beigebracht.

Ich weiß noch, dass ich mich gut gefühlt habe, als meine Eltern mir erzählten, dass der entscheidende Brief bei Dror eingetroffen war. Uns war Gerechtigkeit widerfahren. Ich kann mich nicht mehr erinnern, was meine Eltern mit dem Anteil meines Vaters, knapp 20.000 Euro, gemacht haben. Ich glaube, sie haben das Dach unseres Hauses in Ulm repariert.

Von den sieben Kindern meiner Großeltern waren 2010 noch Esther, Dina und mein Vater am Leben. Zehn

Erbinnen und Erben von Mottel Goldmann erhielten ihren Anteil. Nur einer meiner Cousins bekam keinen direkten Zugriff, sein Geld wurde von jemand anderem verwaltet. Es sollte verhindert werden, dass mein Verwandter, der manchmal leicht zu beeinflussen ist, den Anhängern des Rabbi Nachman von Bratzlaw – wie offenbar in der Vergangenheit geschehen – im Überschwang eine größere Summe spendet. Mein Vater, unterstützte diese Entscheidung. Den Chassidim gönnte er keinen Cent des Geldes, das Mottel so schwer erarbeitet hatte.

Leer gingen die Erben von Hans Goldmann aus, dem Bruder und Compagnon meines Großvaters, der nach Brasilien ausgewandert war. Weil seine Erben – im Gegensatz zu den Erben von Max Goldmann – keinen eigenen Antrag gestellt hatten, fiel ihr Anteil an die *Jewish Claims Conference*.

KONTO

Ich hätte nicht erwartet, dass mein Vater in seinem Interview mit Omry über Jost sprechen würde, meinen einzigen nichtjüdischen Onkel. Ich kann mich nicht an ihn erinnern, den jüngeren Bruder meiner Mutter, Jahrgang 1943. Auf einem Foto hält er mich, im April 1970, in Hamburg als Baby auf dem Arm. Ich hätte ihn gerne kennengelernt.

Ich habe viele Geschichten über Jost gehört. Er war scharfsinnig, gutaussehend, eitel, originell, melancholisch, ging gerne zum Friseur, beschwerte sich, wenn dort das Fenster offenstand („Bei Ihnen bekommt man wohl eine Lungenentzündung umsonst?"), liebte Kaschmirpullover, studierte Pharmazie. Er war provokativ und rebellisch.

Meine Mutter erzählt, dass Jost und sie zusammen mit anderen Demonstranten bewusst Versammlungen ehemaliger SS-Leute störten, die sich in den Sechzigerjahren in Schleswig-Holstein häufig trafen.

Am 20. April 1970, dem 81. Geburtstag von Adolf Hitler, nahm sich Jost das Leben – am selben Tag wie vermutlich der Dichter Paul Celan. Mein Onkel war 27 Jahre alt, als er starb. Mein Vater berichtete über den Tod seines Schwagers:

Jost hatte einen Autounfall. Er war schwer beeinträchtigt und glaubte, dass er sich nicht erholen würde. Zwei Tage vor seinem Tod hat er mich gebeten, eine Vollmacht für sein Bankkonto zu unterschreiben. Ich habe überhaupt nicht verstanden, was er will. Danach habe ich es verstanden. Er wollte nicht, dass seine Mutter das Geld bekommt. Er arbeitete in einer Apotheke und hatte sich Zyankali besorgt. Seine Mutter fuhr zur Arbeit, und als sie zurückkam ...

Mein Vater sprach den Satz nicht zu Ende.

Meine Großmutter Elfriede hat ihre Kinder nie verstanden. Nachdem mein Großvater sie während des Kriegs verlassen hatte, klammerte sie sich an ihren Sohn. Die Tochter – meine Mutter – war ihr unwichtig, ihren Ex-Mann machte sie schlecht. Ein Jugendfreund von Jost aus Hamburg hat mir erzählt, wie zerrissen mein Onkel war, wie sehr er sein Leben lang den Vater vermisste. Jost interessierte sich für Frauen, aber auch für Männer. Eine Neigung, die Elfriede genauso verurteilt hätte wie die Ehe ihrer Tochter mit einem Juden.

In seinem Abschiedsbrief schrieb Jost:

Liebe Mutter, sicherlich hättest du das Recht gehabt,
mir starke Vorwürfe zu machen, aber ich bin erledigt,
seit diesem Unfall habe ich einen Knacks, der Kopf
will nicht mehr richtig. Ich weiß nicht mehr, was ich
hier soll. [...] Ich will auch nicht mehr diesen Scheiß-
vorstellungen der Bürgerlichkeit ausgesetzt sein. Ich
will keine Ehefrau, keine Kinder und auch kein „ge-
ordnetes Leben" mehr führen, ich will hier endlich
weg. Ja, ja, ich bin wohl krank. Deine Tochter, ihr
Mann, A. und weitere Enkelkinder werden dir schon
helfen.

An meinen Vater schrieb er:

Mein Lieber, wir haben alles geregelt und ich habe
die Unterlagen der beiden Banken in das Sideboard
gelegt, für Warburg, Br. und Co. habe ich eine Voll-
macht beigelegt, es sind noch Anteile von 2 amerika-
nischen Fonds da, die ich an deiner Stelle nicht ver-
kaufen würde, zu sehr gefallen. Über die Dresdner
Bank haben wir gesprochen, das Einzige wäre die Il-
sedder Hütte, die man verkaufen könnte (evtl bis 350
warten), falls Mutter Geld für die Beerdigung braucht
und Du das Girokonto glattstellen willst. Ansonsten
möchte ich, dass du das Depot-Konto für A.
weiterführst. Zur Beerdigung ist weiter nichts zu
sagen, keinen Stein, keine Leute, Fichtensarg, sie will
sicher einen Pastor, meinetwegen, wenn es ihr hilft.
Ich wünsche Dir, meiner Schwester, A. und allen

Kindern, die noch folgen, aus tiefster Seele alles, alles
Liebe und Gute. Ich wünsche Euch so viel Erfolg, jetzt
und später in Israel. Es umarmt Dich, Deine Frau und
Dein Kind, Jost.

Mir, die damals sechs Monate alt war, vererbte Jost das kleine Vermögen, das er an der Börse gemacht hatte. Ich hätte sein Erbe gerne ausgeschlagen. Ich wollte, ich hätte ihn überzeugen können, ein lebendiger Teil meines Lebens zu sein. Ich konnte es mir nicht aussuchen.

Als 30-Jährige habe ich Josts Grab in Rendsburg besucht. Der Küster fragte mich auf dem Friedhof, ob Elfriede, die damals noch lebte, „Deutsche Christin" gewesen sei. „Warum?" fragte ich. „Wegen der Runen", sagte der Küster.

In der Tat waren Josts Geburts- und Sterbedatum auf dem Grabstein nicht mit Kreuz und Stern, sondern mit Runen markiert, wie bei Elfriedes Mutter, gestorben 1934, die im selben Familiengrab liegt. „Fragen Sie den Steinmetz. Vielleicht wollte er auch nur einen Stilbruch vermeiden", spekulierte der Küster. Ich habe nicht nach dem Steinmetz gesucht.

Meine Mutter hat mir damals erzählt, meine Großmutter sei NSDAP-Mitglied gewesen. Ich machte mir Sorgen darüber, befürchtete Auswirkungen auf mich selbst, obwohl ich wusste, dass Ideologien nicht erblich sind. Fast 20 Jahre später, im Februar 2020, ergab eine Anfrage beim Bundesarchiv, dass meine Großmutter Elfriede Jäckle der Partei nicht angehört hatte. Es spielt keine Rolle, sie dachte genauso wie die Mitglieder. Trotzdem war ich erleichtert.

Ich habe mir ein anderes Erbe angeeignet, weil mein Vater es ausschlug. In unserem Küchenschrank steht ein verbeulter Kidduschbecher aus einfachem Silber. Er stand nicht immer dort.

BAR MIZWA

Im Jahr der Gründung des Staates Israel wurde mein Vater *Bar Mizwa*. Mein Großvater fragte ihn, ob er als Religionsmündiger *Tefillin* legen würde. Mein Vater sagte: „Nein." Gebetsriemen waren teuer. Mein Großvater sparte sich die Investition in die religiöse Zukunft seines jüngsten Sohnes und kaufte nur einen Kidduschbecher. Im Dezember 1948 wurde die *Bar Mizwa* in einer Synagoge in Neve Shaanan gefeiert.

Fast 50 Jahre später besuchte ich meinen Onkel, den Witwer meiner Tante Mirjam, im Dorf Gibton bei Rechowot – einer ehemaligen Gemeinschaftssiedlung aus den 1920er-Jahren. Das zweistöckige, bescheidene Haus sah noch so aus wie damals, als es gebaut worden war. In dem riesigen verwilderten Garten, einst ein Zitrushain, wuchsen immer noch Orangen und Zitronen. Es waren mehr, als mein Onkel Schukri pflücken konnte.

Schukri hieß eigentlich Jehoschua. Er war Busfahrer, ein warmherziger, gutmütiger und schwergewichtiger Mann, hielt einen großen Hund, lud uns alle an den Feiertagen ein, gab im Garten Grillpartys, begegnete jedem mit einem Lächeln. Gegen die Schläge, die das Leben für ihn bereithielt, war er wehrlos. Als er acht Jahre alt war, überfielen palästinensische Araber, die die Besiedelung des Landes durch die Zionisten stoppen wollten, das Dorf Gibton, drangen in Häuser der Bewohner ein und schnitten den Mitgliedern einer Familie – eine Mutter und ihre Kinder, mit denen er jeden Tag gespielt hatte – die Kehlen durch. Schukri hat diese Geschichte immer wieder erzählt. Es war ein Trauma, das nie heilte.

Er heiratete die beste Köchin unserer Familie – die blonde, rundliche Mirjam, die als kleines Mädchen die Geburtstagsbonbons meines Vaters aufgegessen hatte. Sie hat den besten *gefilten Fisch* gekocht, den ich an Pessach je gegessen habe. Mit 40 wurde bei ihr Diabetes festgestellt. Über Ratschläge, abzunehmen, hat sie nur gelacht. Die Ärzte hätten keine Ahnung. Als ihr Zeh amputiert werden musste, warnte sie mein Vater: „Es gibt zwei Methoden, abzunehmen." Mirjam ignorierte auch die Warnungen ihres Arztbruders, kochte und aß weiter, ließ sich den ganzen Fuß abnehmen, wurde blind und starb mit 54 Jahren.

Auch ihr jüngster Sohn erkrankte an Diabetes. Mein Cousin Ido, freundlich und gutmütig wie sein Vater, aber wie seine Mutter übergewichtig und unfähig, sich der Erkrankung zu stellen, wurde mit Mitte 40 dialysepflichtig und starb mit 51 Jahren. Schukri hat seine Frau und zwei Kinder früh verloren: Seine einzige Tochter Eyali, nach der ich benannt bin, ist an einem Hirntumor gestorben. Nur sein älterer Sohn und zwei Enkel sind noch am Leben.

In Schukris Wohnzimmer stand ein großes Radio aus den Vierzigerjahren, das nicht mehr funktionierte. Im Garten war ein Schuppen mit alten Werkzeugen, kaputten Motoren und rostigen Teilen von zerlegten Traktoren. Mein Onkel nannte es „Museum ha-Grutaot scheli", „mein Ruinenmuseum". Er war ein Mensch, der alles aufbewahren musste.

Er zeigte mir einen silbernen Becher, der in seinem Küchen-regal stand. „Dein Vater hat ihn zur *Bar Mizwa* bekommen", sagte er. Offenbar hatte mein Vater ihn nie benutzt. Warum sonst wäre der Kidduschbecher in Israel geblieben? Ich steckte ihn ein. In Ulm wollte ich meinem Vater den silber-nen Becher zurückgeben, den unscheinbaren Kultgegen-stand mit den eingravierten Häusern und der Blume, ein Bild, das Sehnsucht weckt, wann immer ich den Becher an-schaue. Nach einem einfachen Leben ohne Tragödien.

Aber mein Vater machte eine abwehrende Handbewe-gung und sagte „Nein". In einem Tonfall, als gäbe es nichts Unwichtigeres auf der Welt als einen *Kiddusch* oder eine *Bar Mizwa*. Ich habe später noch einmal versucht, ihm den Becher zurückzugeben. Er wollte ihn einfach nicht. So habe ich mir seinen Kidduschbecher angeeignet.

Mein Vater sagte Nein zur Tradition, aber ein Nein kann ich nicht vererben. Mein Sohn wird bald *Bar Mizwa*. Er soll den Becher bekommen. Neulich hatte ich die Idee, meinen Vater anzurufen und ihn zur Bar-Mizwa-Feier ein-zuladen. Dann wurde mir klar, dass ich ihn nicht mehr er-reichen kann.

Aber ich weiß, er wird kommen. Ich erinnere mich an einen Gottesdienst in der Oranienburger Straße in Berlin, den meine Eltern vor einigen Jahren zusammen mit uns besuchten. Ich wurde zur Tora aufgerufen. Weil ich selten in die Synagoge gehe, hatte ich wenig Übung darin. Mir wurde ein *Tallit* zugeworfen. Als ich ihn umhängen wollte, verhed-derte sich der Stoff. Ich stolperte auf die *Bima*, tat, was von mir erwartet wurde und sagte den hebräischen Segens-spruch auf, für den ich mich nie besonders erwärmen konnte: „Gelobt seist Du, Herr unser Gott, König der Welt, der du uns auserwählt hast unter allen Völkern und uns deine Tora gegeben hast!"

Als mein Blick auf meine Eltern fiel, sah ich belustige Gesichter. Mein Vater amüsierte sich königlich. Er lachte mich nicht aus, auch nicht die Rabbinerin oder die Kantorin. Er freute sich, wie über eine gute Vorstellung.

Ich werde ihn wiedersehen, wenn mein Sohn auf die *Bima* gerufen wird. Denn der Platz neben meiner Mutter in der Mitte der dritten Reihe ist nur scheinbar leer. Mein Vater sitzt dort auf der hölzernen Bank, mit seinem offenen Gesicht, hört seinen Enkel den Abschnitt aus dem Prophetentext singen und glaubt kein Wort aus der *Haftara*. Aber er freut sich mit uns. Und ich sehe ihn lachen.

NÄCHSTES JAHR IN TRIEST

Auf dem Weg zur Arbeit fahre ich oft mit dem Fahrrad am Denkmal für die ermordeten Juden Europas vorbei. Das Mahnmal hat für mich etwas Tröstliches. Ein symbolischer Friedhof für alle, die keinen Grabstein haben.

Mein Vater hat die Sprüche des AfD-Politikers, der beklagte, kein anderes Volk habe sich ein „Denkmal der Schande" ins Herz seiner Hauptstadt gepflanzt, nicht mehr miterlebt. Ich glaube, er hätte sich darüber lustig gemacht. „Das sind Idioten, sie werden sich selbst ruinieren. Was wollen sie machen – das Mahnmal abreißen und auf dem Platz deutsche Eichen pflanzen? Dafür bekommen sie nie eine Mehrheit", hätte er gesagt.

Ich habe darüber nachgedacht, die kleinen weißen Steine, die von seiner Beerdigung übrig sind und in einer Plastiktüte auf meiner Kommode auf ihre Bestimmung warten, am Mahnmal abzulegen. Beim zweiten Nachdenken erschien es mir nicht der richtige Ort. Das Mahnmal ist kein jüdischer Friedhof, aber es gibt auch kein anderes Gräberfeld auf Erden, an dem unsere Trauer ihren Platz findet.

Ich werde nicht nach Treblinka fahren. Auch dort ist kein Friedhof. Vielleicht werde ich irgendwann wieder

Warschau besuchen, wo meine Urgroßmutter Fajga Agajster begraben liegt. Aber ihre Kinder sind nicht dort. Und ich will nicht noch einmal von den Toten träumen. Als ich in Warschau war, im April 2019, habe ich WhatsApp-Fotos von der Ghettomauer an Dror in Raanana geschickt. Mein Cousin, der auch diesmal wusste, wie er mich aufheitern kann, schrieb mir zurück: „Die Welt gehört denen, die in ihr leben."

Ein Jahr später hat sich die Welt verändert. Ich bin im Homeoffice, fahre nicht mehr mit dem Fahrrad zur Arbeit. Mit einer Reise nach Israel wollte ich die Recherchen abschließen, mir von meinem Cousin die Originalbriefe des Amts für Offene Vermögensfragen zeigen lassen, die er in Raanana aufbewahrt. Ich hatte mich sehr auf die Osterferien gefreut. Wir wollten Drors Geburtstag feiern, auf dem Dach seines Hauses, mit jordanischem Arak und Steaks auf dem Grill, eine Party in der Frühlingssonne. Corona hat uns einen Strich durch die Rechnung gemacht, es führt kein Weg nach Israel. Aber wir treffen uns trotzdem.

16. April 2020, Zoom-Meeting um 19 Uhr israelischer Zeit: Auf meinem Bildschirm in Berlin-Friedenau sehe ich Drors Gesicht wie aus der Nähe. Neben ihm auf dem Sofa in Raanana sitzt Efrat, seine Frau. Sie managt den Chor der israelischen Oper in Tel Aviv. Jetzt ist sie arbeitslos. Aus Prenzlauer Berg schaltet sich unsere Großcousine Na'ama Goldman zu. Die Mezzosopranistin wurde als *Carmen* auf der Bühne von Masada in der israelischen Wüste bekannt, sie eroberte die Bretter von Tel Aviv, Europa und der Kanaren. Seit Corona gilt Singen als gefährlich, und Na'ama, die in Teneriffa auftreten sollte, musste stattdessen auf der Insel in Quarantäne. Schließlich kehrte sie nach Berlin

zurück – in die nächste Quarantäne. Aber sie lässt sich nichts anmerken. Sie lächelt, und ich bewundere sie.

Ihr Bruder Omry Goldman, der meinen Vater über sein Leben interviewt hat, sitzt alleine in seiner Wohnung in Raanana: ein Filmemacher, der sein Haus zu diesem Zeitpunkt nur im Umkreis von 100 Metern verlassen darf. Und aus seiner Wohnung ein paar Kilometer weiter winkt uns Nimrod Goldman zu, Drors jüngster Sohn, soeben arbeitslos gewordener Geschäftsführer eines geschlossenen Biergartens in Hod Hasharon.

Wir singen *Happy Birthday.* Wir lachen. Wir erzählen Absurdes aus unserem neuen Alltag mit Corona. Unsere Cousine Dania schaltet sich aus Haifa zu. Sie berichtet von der Beerdigung eines Freundes in Florida, an der sie über Zoom teilgenommen hat. „Gespenstisch", sagt Dania, die erste Enkeltochter von Mottel und Ides, 76 Jahre alt ist sie und lacht am lautesten. Wir lachen alle. Auch meine Schwester und mein Schwager. Wir feiern Drors Geburtstag. Wir feiern unsere Familie. Wir freuen uns, dass es uns gibt. Und wir schmieden Pläne für die Zeit nach Corona, wenn das Leben wieder von Neuem beginnt.

Nächstes Jahr in Triest. Wir, die entschädigten Erben der Ballschuhfabrik Max Goldmann und die nicht entschädigten Erben seines Bruders Hans Goldmann, die Kinder und Enkel der glücklich Ausgereisten, wir, die wir heute in Deutschland, England, Italien, Israel, Südafrika, Brasilien und Australien zu Hause sind, wir kommen nächstes Jahr zu einem Familientreffen in Triest zusammen.

Am 16. April 2020 wissen wir noch nicht, wie viele Quarantänen vor uns liegen, wie oft wir in den kommenden Monaten „nächstes Jahr" sagen werden, und dass aus dem nächsten Jahr das übernächste werden wird – jedenfalls nach dem jüdischen Kalender.

Aber dann sind wir wieder eine große Familie. Wir gehen zusammen essen, trinken am Hafen den besten Kaffee von Triest und erzählen die alten Geschichten von Emmy Göring, die bei meinem Großvater 20 Paar Schuhe gekauft hat, obwohl sie ein Nazi war.

Wir schauen auf das Wasser, nach Südosten, in die Richtung, die das Flüchtlingsschiff mit meinen Großeltern und sechs ihrer Kinder auf dem Weg in die Freiheit nahm. Vielleicht werfen wir die Steine, für die wir keinen anderen Ort finden, einen nach dem anderen ins Meer. Für Tauba, David, Sara Lea, Schai, Elka, Schmuel, Idel Berl, Schejna, Żyle, Dina, Chana, Mosche, Sonia und Max. Und wir beobachten die Kreise, die die Steine im Wasser ziehen, weil wir nicht aufhören können, an unsere Familie zu erinnern.

Danksagung

Ich habe mehr als drei Jahre an diesem Buch gearbeitet und danke allen, die mich unterstützt haben:

- meiner Familie und Eva Lezzi, die mir mit ihrer Freundschaft und ihrem Rat als Autorin immer zur Seite stand

- Uli Hirschfelder, Bettina Wagner, Michael Raddatz und Jürgen Hein, die erste Manuskriptfassungen gelesen haben

- Lia Martyn für die Transkription jiddischer Zitate, Gabriele Lesser für die Übersetzungen der polnischen Zeitungsartikel über Żyle Agajster und Sabine Witte für ihre Begleitung nach Warschau

- Stephan Lehnstaedt und Katarzyna Person für Hilfe bei der Recherche und Ulrike Pilarzcyk, die mir den Brief von Max Barta zur Verfügung gestellt hat

- Hartwig Hahn, der am 13. Mai 2020 zu früh gestorben ist. Er hat uns zur Beerdigung meines Vaters begleitet. Möge auch sein Andenken gesegnet sein.

Die Deutsche Nationalbibliothek verzeichnet diese Publikation
in der Deutschen Nationalbibliografie; detaillierte Daten sind
im Internet über https://portal.dnb.de/ abrufbar.

© 2021 Hentrich & Hentrich Verlag Berlin Leipzig
Inh. Dr. Nora Pester
Haus des Buches
Gerichtsweg 28
04103 Leipzig
info@hentrichhentrich.de
http://www.hentrichhentrich.de

Alle Abbildungen stammen, sofern nicht anders angegeben,
aus Privatbesitz.

Lektorat: Sarah Pohl
Gestaltung: Gudrun Hommers
Druck: Winterwork, Borsdorf

1. Auflage 2021
Alle Rechte vorbehalten
Printed in Germany
ISBN 978-3-95565-472-6